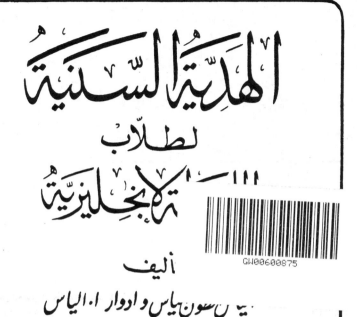

الهدية السنية

لطلاب

...ة الانجليزية

ألیف

...يا ن ...طون ...ياس و ادوار ا. الياس

AN

EGYPTIAN-ARABIC MANUAL

FOR

SELF-STUDY

BY

ELIAS A. ELIAS & ED. E. ELIAS

© Elias Modern Publishing House 1994,
2000, 05, 08, 14
1, Kenisset El Rum El Kathulik St., Daher,
Cairo, Egypt
Tel: (202) 25903756 - (202) 25939544
Fax: (202) 25880091

© دار الياس العصرية للطباعة والنشر ١٩٩٤،
٢٠٠٠، ٠٥، ٠٨، ١٤
١ شارع كنيسة الروم الكاثوليك. الظاهر.
القاهرة. ج.م.ع.
ت: ٢٥٩٠٣٧٥٦ – ٢٥٩٣٩٥٤٤ (٢٠٢)
فاكس: ٢٥٨٨٠٠٩١ (٢٠٢)

www.eliaspublishing.com

Printed and bound in Egypt by
Elias Modern Press
73-75 Amman St., Ain Shams East - Cairo
Tel: (202) 22981735 - (202) 22985715
Fax: (202) 22980736

طبع بمطابع دار الياس العصرية للطباعة والنشر
٧٣ – ٧٥ شارع عمان.
عين شمس الشرقية – القاهرة.
ت: ٢٢٩٨٥٧١٥ – ٢٢٩٨١٧٣٥ (٢٠٢)
فاكس: ٢٢٩٨٠٧٣٦ (٢٠٢)

Deposit No. 8700/1994
ISBN 977-5028-63-9

رقم الإيداع: ٨٧٠٠/١٩٩٤
الترقيم الدولي: ٩-٦٣-٥٠٢٨-٩٧٧

مقدمة

« بقــدر لغات المرء يكثر نفعــه وتلك له عند الشــدائد أعوان »
« فبادر إلى حفظ اللغات مسارعاً فكل لسان فى الحقيقة إنسان »

لا شك فى أن الشرق العربى قد همَّ الآن بالنهوض ، وأنه يريد أن يوسع خطاه فى سبيل الرقىّ ، ومنذ أقدم عصور التاريخ إلى وقتنا هذا لم تستنكف أمة ناهضة من الاستعانة بثمرات عقول العلماء والمفكرين من أبناء الأمم الأخرى التى تكون قد سبقتها فى هذا المضمار . فاليونان أخذوا العلم عن مصر ، وعن اليونان أخذت أوروبا كلها ، كما أخذ العرب فى أزهى عصور الاسلام ، وهكذا .

ولا مشاحة فى أن لواء العظمة فى العالم الآن معقود للأمم التى تتكلم الانجليزية ، فسلطانها يملأ الأرض والماء والفضاء ، ولذلك أصبح الالمام بلغتها وسيلة لا بد منها لمن أراد السير فى موكب الحياة الزاخر من إقتباس علومها وآدابها التى هي سرّ عظمتها . لأن من أراد مجاراة غيره وجب عليــه أن يخالطه ويعرف كيف يفكر ويعمل ، ولا سبيل إلى فهمــه حق الفهم إلاَّ بالالمام بلغته .

وهذا ما حدا بنا إلى تأليف هذا الكتاب مستعينين على ذلك بأبنائها العارفين بأصولها ، وبكتبها الكاشفة لأسرارها . وقد نال هذا الكتاب قبولاً منقطع النظير ، نظراً لبساطته وسهولة ترتيبه وخلوه من التعقيد . وقد طبعناه هذه الطبعة بعد أن نقحناه وأضفنا إليه الكثير من التحسينات والمفردات ونماذج للمراسلات والخطابات ، والله ولي التوفيق .

PREFACE

Though this volume has been compiled chiefly to meet the needs of the Arabic-speaking student in his preliminary study of English, the author hopes that English-speaking students studying Arabic will likewise find it useful.

The part which contains the vocabulary and conversation exercises can be used equally by one studying Arabic and by an Oriental student learning English.

English-speaking students of Arabic are requested to learn the following Key carefully, and pay attention to the English remarks at the foot of some of the pages. The author hopes, that if due attention is paid to this advice, these students will find this book of great help in their study of Arabic.

With this 18th enlarged edition we incorporated our book "Elias' Easy Method for Learning English" which we are not reprinting as both books are serving the same end and we prefer to concentrate our efforts on this book.

Key to the pronunciation of the Arabic words written in English characters :

(a) as in ant, (â) has no equal sound in English, but is pronounced as *a* in *hand*, somewhat lengthened. (e) as in hen, (ê) as *a* in hare. (i) as in pin, (î) as in machine. (o) as in from, (ô) as in home. (u) as in full, (oo) as in soon (s) always as in suspense. (ʿ) that sign stands for the Arabic letter (ع) which has no equivalent in English (¹).

The **plurals** given are printed in *Italics* after the singular and when the syllables (-în) or (-ât) are placed after the singular they must be added to it to form the plural. (¹)

---

1 — A good companion to this book is our " Elias' Practical Pocket Grammar and Vocabulary of the Colloquial Arabic."

تنبيه هامّ جداً

ليسَ بخافٍ أنه يصعب ، بل يَسْتَحِيل ، عَلى طالب اللغة الإنكليزيَّة أن يتقن لَفْظ أغلبَ كلماتها بغَيرِ دَليل . وذلك لما فيها من الأَحْرُف الصَامِتَة ، أو التي يتغيّرَّ لفظها بأختلافِ مواقعها ، كما في Psalm وتُلْفظ (سَام) و Night (نَيْت) و Knee (نِيْ) و Laugh (لَافْ) و Sugar (شُجَرْ) و Half (هَافْ) و Lamb (لَام) و Eight (اِيْتْ) . وهذه الصُعوبَة لَيْسَت أمام الدُخلاء عَلى هذهِ اللغة وحَسْب ، بَل كثيراً ما تعترض الإنكليز أيضاً . ولذلك تَرى قَوامِيْسهم مُحتَوِية على نُطْقِ كُل كلمة أمامها بأَحْرُفٍ لاتينيَّة وعَلامَات خاصَّة إعترافاً مِنْهم بهذهِ الصعُوبَة . وعلى هَذا الاسْلُوب وضَعْتُ هَذا الكِتاب جاعِلاً لَفْظ الكَلمة الانكليزية أمامها بأحْرُفٍ وضَوابط عَربية .

ولِكَي يكون الطالِب على بيّنَةٍ مِن ضَبط لَفظ ما يتَعلَّمُه يتعيّنْ عليهِ فَهم الملاحَظَات الآتِيَة ، لأنّ عَليها مَدار اللفْظ في هَذا الكِتاب واليكَ بيانُها :—

إن الباء التي تحتها ثلاث نُقَط (پ) تُلفَظ بتَشْدِيْد الشفتين . والفاء التي عَليها ثلاث نقط (ڤ) تُلفَظ من بَين الأَسْنان العُلْيا وأعْلَى الشفَةِ السُفْلى . والجيْم التي داخِلها ثلاث نُقَط (چ) مثل الجيم عِند السوريين والبِدْو . وَكُل حَرف بلا شَكْل يُعْتَبَر كأنّ عليهِ سُكُوناً . والواو التي تَعلوها الضَمَّة والفَتْحَة مَعاً ( ) تُلفَظ مثل الواو المفخَّمَة في كلمة (يوم ونوم) بدون فتح الياء ، والتي ليسَ عَليها شيء كالوَاوِ في كلمة (سُوْر) . والياء التي عليها الفَتْحة وتحتها الكَسْرة تُلفَظ مِثل الياء في كلمة (غير وبيت) بدون فتح الغين والباء ، والتي لَيْس عَليها شَيء كالياء في كلمة (فِيْل) . وكُل حَرف آخَر فوقه الفتحة وتحته الكَسْرة في آنٍ واحِد يُلفظ بَيْن الفَتْح والكَسْر مِثل Them (ذَمْ) فتُلْفَظ الذالُ فيها كالذال في كلمة (ذَيْل) بدون فتح الذال . وكُل حَرف تَعلُوه الضَمة والفَتْحة معاً يُلفَظ بَين الضَم والفَتح كما في كلمة Short (شُرْت) فيُلفَظ ضَم الشِيْن فيها كَضَمِّ العين في كلمة (عُمْر) مع تَوسيع فتْحة الفَم عِنْد لَفْظ العَين . ومدة لفظ الأَلِف والواو واليَاء ضِعْف مدة لفظ الفتحَة والضَمَّة والكَسْرة كما في كلمتي Good (جُدْ) و Fool (فُوْل)

THE ENGLISH ALPHABET حروف الهجاء الانكليزية

الحروف المطبعية		الحروف الكتابية		اللفظ بحسَبِ الطريقة المذكورة في التنبيه السابق
كبير	صغير	كبير	صغير	
A	a	*A*	*a*	إِيَ
B	b	*B*	*b*	بِيْ
C	c	*C*	*c*	سِيْ
D	d	*D*	*d*	دِيْ
E	e	*E*	*e*	إِيْ
F	f	*F*	*f*	اَفْ
G	g	*G*	*g*	دْجِيْ
H	h	*H*	*h*	إِتْشْ
I	i	*I*	*i*	آيْ
J	j	*J*	*j*	دْجِيَ
K	k	*K*	*k*	كِيَ
L	l	*L*	*l*	اِلْ
M	m	*M*	*m*	اِمْ

الحروف المطبعية		الحروف الكتابية		اللفظ بحسب الطريقة المذكورة في التنبيه السابق
كبير	صغير	كبير	صغير	
N	n	$\mathcal{N}$	n	اِنْ
O	o	$\mathcal{O}$	o	اوْ
P	p	$\mathcal{P}$	p	پِي
Q	q	$\mathcal{Q}$	q	كْيُوْ
R	r	$\mathcal{R}$	r	آر
S	s	$\mathcal{S}$	s	اَسّ
T	t	$\mathcal{T}$	t	تِي
U	u	$\mathcal{U}$	u	يُوْ
V	v	$\mathcal{V}$	v	ڤِيْ
W	w	$\mathcal{W}$	w	دَبْلْيُ
X	x	$\mathcal{X}$	x	اِكْس
Y	y	$\mathcal{Y}$	y	وَاي
Z	z	$\mathcal{Z}$	z	زِدْ

THE ARABIC ALPHABET.

Separate	Initials	Middles	Finals	Name
ا	ا	ـا	ـا	Alef
ب	بـ	ـبـ	ـب	Bê
ت	تـ	ـتـ	ـت	Tê
ث	ثـ	ـثـ	ـث	*Thê* [1]
ج	جـ	ـجـ	ـج	Gîm
ح	حـ	ـحـ	ـح	Hha
خ	خـ	ـخـ	ـخ	Kha
د	د	ـد	ـد	Dâl
ذ	ذ	ـذ	ـذ	Thâl [2]
ر	ر	ـر	ـر	Rê
ز	ز	ـز	ـز	Zên
س	سـ	ـسـ	ـس	Seen
ش	شـ	ـشـ	ـش	Sheen
ص	صـ	ـصـ	ـص	Sâd
ض	ضـ	ـضـ	ـض	Dhâd

1 — Like the English *th* in thin.
2 — Like the English *th* in that.

Separate	Initials	Middles	Finals	Name
ط	طـ	ـطـ	ـط	Tah
ظ	ظـ	ـظـ	ـظ	Zah
ع	عـ	ـعـ	ـع	ʿên [1]
غ	غـ	ـغـ	ـغ	Ghên [2]
ف	فـ	ـفـ	ـف	Fè
ق	قـ	ـقـ	ـق	Quâf
ك	كـ	ـكـ	ـك	Kaf
ل	لـ	ـلـ	ـل	Lam
م	مـ	ـمـ	ـم	Meem
ن	نـ	ـنـ	ـن	Noon
ه	هـ	ـهـ	ـه	Hê
و	و	ـو	ـو	Wâw
لا	لا	ـلا	ـلا	Lam alef [3]
ي	يـ	ـيـ	ـي	Yè

1 — (ʿên) Is articulated by making a sound as far back in the throat as possible

2 — (ghên) Is preceded by a sound similar to that made in gargling, or like the third letter of the Greek Alphabet.

3 — A compound letter of *Lam* and *Alef*.

Graduated Lesson. درس تدريجي

Sentences are constructed by reading the words successively

(إذا قرأت هٰذهِ الكلمات بالتتابعُ تجد أنها تكوّن جُملاً بسيطة)

I am	أَيم	Ana	١ - أنا
on	أَنْ	'ala	٢ - على
my	مَاي	i (2) *	٤ - ي . (ضمير المتكلّم)
ox	أُكْسْ	tôr (1)	٣ - ثور
Is	إِزْ	Hal	هل
he	هِي	hoa	هو
up	أَپْ	fôq	فوق
or	أُور	aw	أو
in ?	إِن	go-wa	جُوَّا . بالداخل ؟
No,	نـوُ	La,	١ - لا
it is	إِتِزْ	ho-wa	٢ - هو
an	آن	wâhhed	٣ - واحد
ox	أُكْسْ	tôr	٤ - ثور
by	بَايْ	ganb	٥ - جَنب . بجانب
me	مِي	-i.	٦ - ي (ضمير المتكلم) .

* Numbers show the places of words in the Arabic sentences.

The	ذَ	El	١ - ال
cat	گاتْ	qetta	٢ - قِطَّة
can	گانْ	teqdar	٣ - تِقْدَر
eat	إيتْ	tâkol	٤ - تأْكُل
her	هَار	-ha (2)	٦ - ها
fat	فَاتْ	el semîn. (3)	٧ - السمين .
rat.	رَاتْ	fâr- (1)	٥ - فَار
My son	مَاي صَنْ	Ebn-i	١ - إبْني
saw	صوُ	shâf	٢ - شَاف . رَأى
the sea.	ذَسِيْ	el bahhr.	٣ - البَحْرْ .
All	أُولْ	Koll	١ - كُل
the boys	ذَ بويْزْ	el awlâd	٢ - الأَوْلاد
are	آرْ	hom	٣ - هُم
here.	هِيرْ	hena.	٤ - هُنا
For	فورْ	ʿalashân-	١ - عَلشان . لأَجْل
him.	هِمْ	-oh.	٢ - ـــهُ . (ضَمير الغايب)

• "*El*" is the only Arabic *article*, and means "*the*."

How ?	هاوْ	Qêf ? Ezzâi ?	كيف ؟ إزَّايْ ؟
Give	جِفْ	Eddi- e‛ti- ?	١ – إدِّي . إعطِ
them	ذِمْ	-hom	٢ – ـهُمْ
much	مَطْشْ	keteer. (2)	٤ – كَثير .
food.	فُودْ	akl, to‛âm (1)	٣ – أَكْل ، طَعام
They	دِيَ	Hom	١ – هُم
want	وُنْتْ	‛âwzîn	٢– عاوزين . يريدون
some	صَمْ	shewayet	٣ – شوَيَّة . قليلاً من
salt.	صُلْتْ	malh	٤ – مِلْح . الملح
Take }	تيكْ	Ehhteres }	١ – اِحترِسْ (او)
care }	كيرْ	E‛teni }	١ – اِعتني .
Wash	واشْ	Eghsel	١ – اِغسل
your	يُورْ	-ak (2)	٣ – ـك .
face.	فِيسْ	wish-, waggh (1)	٢ – وِشْ . وَجْه
Come	كَمْ	Ta‛âla } Enzel	تعالَ } إنْزلْ
down.	دَاوْنْ	tahht, }	تحت . }
Stand	سْتَانْدْ	Oqaf	١ – أُقَفْ . قِفْ
near	نِيرْ	qorb; ganb	٢ – قُرْب . جَنْب

that	ذَاتْ	di (3)	٥ - دِي . هَذا . هذه
high	هَايْ	el ʻâlya (2)	٤ - العَالِيَة
tree.	تْرِيْ	El shagara (1)	٣ - الشَجَرَة
Their	ذِيَرْ	-hom (2)	٢ - ـهُم
clean	كْلِيْن	el nedeef (4)	٤ - النَظِيْف .
large	لَارْج	el kebeer (3)	٣ - الـكَبير
house.	هَاوْس	Bèt (1)	١ - بَيْت
Clear	كْلِيْرْ	râyqa (2)	٢ - رَايقه .
water.	ووَتَر	Mayya (1)	١ - مَيَّة . مَاء .
Fresh	فْرِشْ	tâza (2)	٢ - طَازَة .
bread.	بْرِدْ	ʻêsh, khobz. (1)	١ - عَيْش. خُبْز
Sharp	شَارْپْ	hhâmi (2)	٢ - حامي . حادّ
knife †	نَايْفْ	Sekkin (1)	١ - سِكّين
Read	رِيْدْ	Eqra	١ - إقرأ
and	آنْدْ	we, wa	٢ - وَ (واو العطف)
write	رَايْت	ekteb	٣ - اكتب

† إذا ابتدأت الكَلِمَة بحرفِ k ووقعَ بعدهُ مباشَرةً حرف n فلا تلفظ الـ k

before	بفورْ	qabl	٤ - قَبل
dinner,	دِنَرْ	el ʿasha	٥ - العَشا
and sleep	أَنْدْ سليپْ	we nâm	٦ - ونامْ
after	آفْتَرْ	baʿd	٧ - بَعد
lunch.	لَنْش	el ghada	٨ - الغدا .

Please	پْلِيزْ	Men fadlak	١ - من فضلك
open	اوُپِنْ	eftahh	٢ - افتحْ
the door.	ذَ دورْ	el bâb	٣ - الباب .

The dog is	ذَ دُج إِزْ	El kalb	الـكَلْبُ
the enemy of	ذَ إِنِيمِ أُفْ	ʿadoo	عَدُوٌّ
the fox.	ذَ فُكْسْ	el taʿlab	الثَعْلَب

My hair	مَاي هِيرْ	Shaʿri	شَعْرِي
is long.	إِزْ لُنْجْ	taweel	طَوِيل

Your house	يُورْ هَاوْسْ	Bêt-ak	بَيْتك
is not	إِزْ نُتْ	lês, *or* (mush مُش)	لَيْس
high.	هَايْ	ʿâli	عالي . عالِ

VOCABULARY.

﴿ باب المفردات ﴾

Religion. في الديانةِ

God	جُد	Allâh	الله
Angel	أَينَجِل	Malâk, *malâyka*	مَلاك
Devil	دِڤِل	Shêtân, *shayâteen*	شَيْطان
Saint	سِينْتْ	Qeddees, *–în*	قِدِّيس
Prophet	پرُفِتْ	Nabi, *anbiya*	نَبِيّ
Apostle	أُپسْلْ	Rasool, *rossol*	رَسُول
Heaven	هِڤِنْ	Sama, *samawât*	سَماء
Paradise	پَرَدَيْزْ	Ganna, *–ât*	جَنَّة
Hell	هَلْ	Gehannam	جِهَنَّم
Baptism	بَپْتِزم	ʿemâd	عِمَاد
Prayer	پْريَيَرْ	Salat, *salawât*	صَلاة
To pray	تُ پْرِيَ	Yesalli	يُصَلّي
Mass	مَاسْ	Qoddâs, *qadâdees*	قُدّاس
Priest	پْرِيْسْت	Qassis, *qusus*	قِسّيس
Ablution	أبلوشَن	Wadou	وضوء
Pilgrimage	پيلغْرِيماج	Hegg	حج

Missionary	مِشِنرِ	Mursal, *-în*	مُرْسَل
Monk	مَنْكْ	Râheb, *rohbân*	رَاهِب
Nun	نَن	Râhba, *-ât*	رَاهِبَة
Convent	كُنفِنْتْ	Dêr, *adyera*	دَيْر
Church	تشِيرْتش	Keneesa, *kanàyes*	كَنِيْسَة
Mosque	مُسْكْ	Gâmeʿ, *gawâmeʿ*	جَامِع
Temple; Synagogue	تِمپِل	Maʿbad, *maʿâbed*	مَعْبَد
Cross	كرُسّ	Saleeb, *solbân*	صَلِيب
Feast	فِيْسْتْ	ʿeed, *aʿyâd*	عِيْد
Christmas	كرِسْمَسْ	ʿeed el-Meelad	عِيْد المِيْلاد
Easter	إِيسْتَرْ	" el-Keyàma	« القِيَامَة
Bairam	بَيرَمْ	" el-Fetr	« الفِطْر
Corban Baïram	كُرْبَن بَيْرَمْ	" el-Adhha	« الأَضْحَى
Fast	فَاسْتْ	Sôm, Seyâm	صَوْم . صِيام
Christian	كرِسْتِيَنْ	Nosrâni, *nasâra*	نَصْرَانِي . مَسِيحِي
Mohammedan	مُهَمِدَنْ	Moslem, *-în*	مُسْلِم
Jew	جُيو	Yahoodi, *yahood*	يَهُودِي
The Bible	ذُ بَايبِل	Et Tawrât	التَوْرَاة
Preascher	پريتشر	Waʿezz	واعظ
Minaret	مينارِت	Maazana	مأذنة

Chapter	تْشَپْتَرْ	Ass-hâhh, Fassl	أَصْحاح . فَصْل
The Korân	ذَ كُورَان	Al-Kur-ân	القُرْآن
The Psalms	ذَ سَامْزْ	Al Mazâmeer	المَزَامِيرْ
Miracle	مِرَكِلْ	âya; muʻgiza	آية . مُعْجِزَة
The Gospel	ذَ جُسْپِلْ	Al-angeel, *anageel*	الإِنْجِيل
Jesus Christ	جِيزَسْ كْرَيْسْتْ	Yasooʻ el-Massih	يَسُوع المسيح
Worship	وِيرْشِپْ	ebâda, *-ât*	عِبَادَة
Preaching	پْرِيْتْشِنْج	Waʻz	وَعْظ
Sermon	سِرْمُنْ	Waʻza, *-ât*	وَعْظَة
Holy Ghost	هُولِي جوُسْتْ	Ar-Rôh Al Qodos	الروحُ القُدس
Oath	اُوْثْ	Yameen	يَمِيْن
Martyr	مَارْتِيرْ	Shaheed, *shohada*	شَهِيْد
Forgiveness	فُرْجِفْنِسّ	Ghofrân	غُفْرَان
Temptation	تِمْتِيْشَنْ	Tagro-ba, *tagâreb*	تَجْرُبَة
Prophecy	پْرُفِسِ	Nobow-wa, *-ât*	نُبُوَّة
Blasphemy	بْلَسْفِمِ	Tag-deef, *tagâdeef*	تَجْدِيف
Redemption	رِدَمْشَنْ	Fedâ	فِـدَاء
Fanaticism	فَنَتِسِزْمْ	Taʻas-sob	تَعَصُّب
Fanatic	فَنَتِك	Motaʻas-sib, *—în*	مُتَعَصِّب
Sin	سِنّ	Khatiya	خطيئة
Holy	هولى	Mokaddas	مُقَدَّس

Universe, Elements, etc. في المسكونة والعناصِر وما إليهما

The world	ذَ وِيرْلْدْ	Ad-donya	الدُّنيا
Hill	هِـلْ	Tall, *telâl*	تَلّ
Mountain	مَوْنْتِنْ	Gabal, *gibâl*	جَبَل
Chain of mountains	تْشِينْ أُفْ مَوْنْتِنْزْ	Silsi-lat gibâl	سلسلة جبال
Volcano	فُلْكِينُو	Borkân, *barâkeen*	بُركان
Top, summit	تُپْ	Qim-ma, *qimam*	قِمّة
Foot	فُتْ	Saffhh, *sefoohh*	سَفْح
Plain	پْلِين	Sahl, *sehool*	سَهْل
Valley	ڤَلِ	Wâdi, *widyân*	وَادٍ
Desert	دِزَرْتْ	Sahhara, *sahhâri*	صَحْراء
Oasis	اوُيَزِسْ	Wâhha, *-ât*	وَاحَة
Island	أَيْلَنْدْ	Gezeera, *gazâyer*	جَزِيرة
Isthmus	إسْمَسْ	Bar-zakh, *barâzekh*	بَرْزَخ
Peninsula	پِنِنْسُلَ	Bohhês-gezeera	بُحَيْث جَزِيرة
Shore	شُورْ	Shâṭi, *shawâṭi*	شَاطِئ
Bank	بَانْكْ	Dhaf-fa, *difâf*	ضَفّة
Forest, wood	فُرِسْت . وُدْ	Ghâba, *-ât*	حِرْش . غابَة
Continent	كُونْتِينَنْت	Karah, *-àt*	قارة
Earth	إرْث	Ard	أرض

Cave; den	كِيفْ . دِنْ	Kahf, *kehoof*	جُبّ . كهف
Sand	سَانْدْ	Raml, *remâl*	رَمل
Stone	سْتُونْ	Hha-gar, *ahhgâr*	حجر
Rock	رُكْ	Sakhr, *sekhoor*	صخر
Flint	فْلِنْتْ	Saw-wân	صَوّان
Marble	مَارْبِلْ	Rokhâm	رُخام
Gravel	جْرَڤِلْ	Hhas-wa, *ha-sa* (حَصَى)	حَصْوَة
Dust	دَصْتْ	Turâb, *atriba*	تُراب
Mud	مَضْ	Wahbl, *awhâl*	وَحْل . طِينْ
Sea	سِيْ	Bahhr, *abhhor, bohhoor*	بَحْر
River	رِيڤَرْ	Nahr, *ânhor*	نَهْر
Lake	لِيكْ	Buhêra, *-àt*	بُحَيْرَة
Pool	پُولْ	Bir-ka, *berak*	بِرْكَة
Spring	سْپْرِنْج	Nabbʿ, *yanâbeeʿ*	يَنْبُوع . نَبع
Well	وِلْ	Beer, *abyâr*	بِيرْ . بِئْر
Cistern	سِسْتَرْنْ	Sah-reeg, *sahâreeg*	صِهْرِيج
Gulf	جَلْفْ	Khaleeg, *kgolgàn*	خَليج
Strait	سْتْرِيتْ	Booghâz, *-ât*	بُوغاز
Canal	كانال	Kanat	قناة
Flood	فْلَدّ	Fayadan	فيضان

Cataract	كَتَرَكْتْ	Shallâl, *-ât*	شَلّال
Wave	وِيفْ	Môga, *amwâg, môg*	مَوْجَة
Current	كَرَنْتْ	Tay-yâr, *-ât*	تيار
Water	وُوتَرْ	Mâ, May-ya	ماء (مَيَّة). مَيَّا
Salt water	سُلْتْ وُوتَرْ	Mayya mâl-hha	ماء مالِح
Mineral water	» مِنِرَلْ	" maʿdaniya	« معدني
Hot water	» هُتْ	" sukhna	(سُخْنَة) « ساخن
Lukewarm water	» لُوكْ وُرْمْ	" dâf-ya	(دافية) « دافِئ
Cold water	» كُولْدْ	" bâr-da	(باردة) « بارد
Drop	دْرُپْ	Noqta, *noqat.*	نُقْطَة
Tide	تَايْدْ	Mâdd we gazr	مَدّ وجَزْر
Deep	دِيپْ	Ghaweet	غويط . عَميق
Snallow	شَلُ	Mosh [1] ghaweet	ضحل . مُشْ غويط
Weather	وَذَرْ	Taqs	طقس
Climate	كَلَيْمِت	Manâkh	مُنَاخ
Air	اِيَرْ	Ha-wa, *ahwiya*	هَواء
Wind	وِنْدْ	Reehh, *aryâhh*	رِيح

1 *Mosh* means *not.* also, mâ ho.

The last letter in Arabic, as in English, is pronounced

Storm	سْتُرْم	Zaw-baʿa, *zawâbeʿ*	زَوْبَعَة
Breeze	بْرِيزْ	Naseem	نَسِيْم
Clouds	كْلَاوْدْز	Ghêm, *gheyoom*	غَيْم
Rain	رْيَن	Matar, *amtâr*	مَطَر
Shower	شَوَرْ	Rakh-kha	رَخْة
Rainbow	رْيَنْبُو	Qôs-qazahh	قَوْس قُزَح
Dew	دْيُو	Nada	نَدَى
Mist; fog	مِسْتْ . فُجْ	Shaboora	ضَباب . شَبُّورَة
Snow	سْنُو	Talg(tabeeʿi).	ثَلْج(طبيعي)
Ice	أَيْسْ	Talg (estenâʿi).	«(اِصْطِناعي)
Light	لَايْتْ	Noor	نُور
Dark	دَارْكْ	Zalâm; ʿat-ma	ظَلام . عَتْمَة
Lightning	لَيْتْنِنْج	Barq, *berooq*	برق
Thunder	ثَنْدَرْ	Raʿd, *reʿood*	رَعْد
Thunderbolt	» بُلْت	Sâʿeqa, *sawâʿeq*	صَاعِقَة
Earthquake	إِيرْثْكُويك	Zelzela, *zalâzel*	زَلْزَلَة
Cold	كُولْدْ	Bard, (noun.) Bâred (adjec.)	بَرْد . بارِد
Hot; warm	هُتْ . وُورْمْ	Sukhn	حَارّ . سَاخِن . سُخْن

Heat	هِيتْ	Harâra	حَرَارة
Damp	دَامْپْ	Reteb	رطب
Dampness	دَامْپْنِسْ	Retooba	رطُوبَة
It rains	إِتْ رِينْزْ	Ed-dunya be-temṭor	الدنيا بِتمطُر
It lightens	« لَيْتِنْزْ	Ed-dunya be-tebroq	« بتبرْق
It thunders	« ثَنْدَرْزْ	" beter'od	« بِترْعُد
It is cold	إِتِزْ كُولْدْ	" bard	« بَرْد
It is warm	إِتِزْ وُورْمْ	" hharr	« حَرّ
Fire	فَيَرْ	Nâr, *neerân*	نار
Wood	وُدْ	Khaśhab	حَطَب . خَشب
Fuel	فيُولْ	Weqood	وقُود
Coal	كُولْ	Fahhm-hhagari	فَحْم حَجَرِي
Charcoal	تْشَارْكُولْ	Fahhm-baladi	« بَلَدِي
Ashes	أَشِزْ	Rumâd	رمَاد
Flames	فْلِيمزْ	Laheeb	لهيب
Smoke	سْمُوكْ	Dokh-khân	دُخان
Vapour	ڤيَپُرْ	Bokhâr	بُخار

1 The literal translation of this phrase is : The *world* is raining.

Spark	سْپَارْكْ	Sharâra, *sharâr*	شَرارَة
Ray	رِيَ	Sho'â'a, *sho'â'*	شُعَاعَة . شُعاع
Dust	دَسْتْ	Torâb	تْراب . عُفَر . غُفار
Sky	سْكَايْ	Gaw, sama	جَلَد . سَماء . جَوّ
Sun	صَنْ	Shams, *shemoos*	شَمْس
Sunlight	صَنْ لَايْتْ	Noor esh-shams	نُور الشَّمْس
Star	سْتَارْ	Nigm, *nigoom*	كَوْكَب . نَجْم
Sunrise	صَنْ رَايْزْ	Shorook esh-shams	شُروْق الشَّمْسِ
Sunset	« سِتْ	Ghoroob esh-shams	غُرُوْب «
Moon	مُوْنْ	Qamar, *aqmâr*	قَمَر
New-moon	نْيُوْ مُوْنْ	Hilâl	هِلال
Full-moon	فُلْ مُوْنْ	Badr	بَدْر
Moonlight	مُوْنْ لَايْتْ	Noor el qamar	نُورُ القَمَر
Eclipse	إِكْلِپْسْ	Khosoof, Kosoof	خُسُوف . كُسُوف
Shade	شِيَدْ	Faï; dhill	فَيْء . ظِلّ
Shadow	شَدُو	Kheyâl	خَيَال
Lunar	لُونار	Kamary	قمري او قمرية
Crescent	كرِسِنْت	Helal	هلال
Atom	أتُم	Zarra	ذرّه

Time الوقت

Day	دِىَ	Yôm, *ayyâm*	يوم
Night	نَيْتْ	Lêla, *layâli*	ليلة
Evening	إِيفِنِنْج	Me-sa, amsia	مساء
Morning	مُورْنِنج	Sobhh	صُبح . صباح
Noon	نُونْ	Dohr	ضُهر . ظهر
Afternoon	آفْتَرْنُونْ	ʿassr	عصر . بعد الظهر
Forenoon	فُورْنُونْ	Du-hha	ضحى
Dawn	دُون	Fagr	فجر
Midnight	مِدْنَايتْ	Noss el lêl	نصف الليل
Week	وِيكْ	Gumʿa, *gumaʿ*	اسبوع . جمعة
Sunday	صَنْ دِىَ	Yôm el ahhad	يوم الأحد
Monday	مَنْ »	" el etnên	« الاثنين
Tuesday	تيزْ »	" el talât	« الثلاثاء
Wednesday	وَنْزْ »	" el arbaʿ	« الاربعاء
Thursday	ثَرْسْ »	" el khamees	« الخميس
Friday	فْرَاي »	" el gumʿa	« الجمعة
Saturday	سَتَرْ »	" el sabt	« السبت
Century	سِنتْشَرِى	Gueel, *agial*	جيل

Year	يِيرْ	Sa-na, *seneen*	سَنَة
Leap-year	لِيپْ يِيرْ	" kabeesa	» كَبيسة
Month	مَنْثْ	Shahr, *ash-hor*	شَهْر
Hour	أُوَرْ	Saʿa, *saʿât*	سَاعَة
Minute	مِنِتْ	Deqiqa, *daqâyeq*	دَقِيْقَة
Second	سِكُنْدْ	Sân-ya, *sawâni*	ثانِيَة
Moment	مومِنْتْ	Lahh-za, *–ât*	لَحْظَة
To-day	تُدَيِ	En nahâr-da	النَهارْدَه . اليَوْمُ
To-night	تُنَايْتْ	El lei-la	الليلة . هٰذا المَسَاء
To-morrow	تُمُرُّو	Bok-ra	بُكْرَة . غداً
Yesterday	يَسْتَرْدَيِ	Embârehh	اِمْبَارِح . البَارِحَةُ
Season	سِيزُنْ	Fassl, *fessool*	فَصْل
Spring	سْپْرِنْج	Rabiʿ	رَبيع
Summer	سَمَرْ	Sêf	صَيْف
Autumn	اوتَمْ	Khareef	خَرِيف
Winter	وِنْتَرْ	Sheta	شِتَاء
Holiday	هُلِ دِيَ	Betala, foss-ha	بِطالَة . عطْلَة
Annual, yearly	أنيُوَلْ	Sanawi	سَنَوِيّ
Last year	لاسْت يِير	El sana el madia	السنة الماضية
Next Month	نِكْسْت مَنْث	El shahr el kadem	الشهر القادم

Monthly	مَنْثْلِ	Shah-ri	شَهْرِي
Half-monthly	هَاف مَنْثْلِ	Noss shah-ri	نِصْف شَهري
Weekly	وِيْكْلِ	Osbooʿi	أُسْبُوعي
Bi-weekly	بَيْوِيْكْلِ	Nosf osbooʿi	نصْف اسبوعي . مرّة كل اسبوعين
Daily	دِيْلِ	Yômi	يَوْمي
Early	ايِرْلِ	Bad-ri	بَدْري . مبكّر . بتكّير
Late	لِيَتْ	Wakh-ri	وَخري . متأخر
Later on	لِيَتَرْ اُن	Baʿdên	بَعدين
Beginning	بِجِنِنْج	Ebteda; aw-wel	ابتداء . أوّل
End	اِنْدْ	Enteha;. âkhér	إنتهاء . آخِر
Middle	مِدْلْ	Wast; wist	وسْط
January	جَنْيُورِ	Yanâyer	ينَاير
February	فِبْرُيُورِ	Febrâyer	فِبراير
March	مَارْتْش	Mârs	مارْس
April	اَيِپْرِلْ	Abreel	أَبْريل
May	مَي	Mâyo	مايُو
June	چُوْنْ	Yoon-yoo	يُونيو
July	چُلَايْ	Yool-yoo	يُوليو

August	اوُجَسْتْ	Oghostos	أُغُسْطُس
September	سِپْتِمْبَرْ	September	سِبْتِمْبَر
October	اُكْتُوبَرْ	October	أُكْتُوبَر
November	نُوفَمْبَرْ	November	نُوفِمْبَر
December	دِيسَمْبَرْ	December	دِيسمْبَر
Now	نَاوْ	Delwaqt, el-ân	الآن . دلوقت
Before	بِفُورْ	Qabl, qabla	قَبْلاً . قَبْل الآن
After	آفْتَرْ	Ba'd	بَعْد
Afterwards; later	آفْتَرْوِيرْدْسْ	Ba'dên	بَعدين
Always	اوُلْوِزْ	Dây-man, tamal-li	دَائِمًا . تَمَلّي
When	وِنْ	Aim-ta; mata	مَتى . إمْتى
Never	نِڤَرْ	Abadan	قَطْ . أَبداً
At once; Right away	اَتْ وَنْسْ	Hhâlan	حالاً
Soon: in a little while	سُونْ	Ba'd shewaiya	بعد شُوَيّة
Just now; a little while ago	جَسْتْ نَاوْ	Qabl shewaiya	قَبل شُوَيّة
In an hour	إِنْ آنْ اَوَرْ	Ba'd sâ'a	بَعْد سَاعَة
Half an hour	هاف ان هاوَر	Nesf Sâ'ah	نصف ساعة
Past	پَسْت	Madi	ماضٍ
Present	پْرِزِنت	Hader	حاضر
Future	فيوتْشَر	Mostakbal	مستقبل

Words used at School. كَلِماتٌ مُسْتَعمَلَة في المدرسَةِ

School	سْكُوْلْ	Madra-sa, *madâres*	مَدْرَسة
College	كُلِدْجْ	Kul-liya, *-ât*	كُلِّيَة
University	يُنِفِرْسِتِ	Gâme'a, *-ât*	جَامِعَة
Institute	إنْسْتِتْيُوتْ	Ma'-had, *ma'âhed*	مَعْهَد
Headmaster	هِدْ مَاسْتَرْ	Nâzer madra-sa	ناظِر مَدْرسة
Director	دَيْرِكْتُرْ	Modîr, *-în*	مُدِيْر
Teacher	تِيْتْشَرْ	Mo'allem, *-în*	مُعَلِّم
Professor	پْرُفِسُرْ	Ostâz, *asâteza*	أُسْتاذ
Class	كْلَاسّ	Saff, *sofoof*	صَفّ
Pupil	پْيُوپِلْ	Telmîz, *talâmeez*	تِلْميذ
Monitor	مُنِتُرْ	Alfa	أَلْفة
Student	سْتيُودِنْتْ	Tâleb, *talaba. tollâb*	طالِب
Desk	دِسْكْ	Maktaba, *makâteb*	مَكْتَبة
Drawer	دْرُووُرْ	Dorg, *adrâg*	دُرْج
Bench	بِنْش	Bank, *benook*	بنك
Board; blackboard	بُورْدْ	Lôhh, *alwâhh*	تَخْتَة . لوح
Boarding school	بوردِنج سكوول	Mad'rasa dakhl'ya	مدرسةداخلية
Inspector	إِنْسْپِكْتُر	Mofat'tish, *-een*	مفتش ، مراقب

Book	بُكْ	Ketâb, *kotob*	كِتاب
Booklet	بُكْلِتْ	Kotai-yeb	نَبْذَة . كُتَيِّب
Copybook	كُپِ بُكْ	Daf-tar, *dafâter*	دَفْتَر
Volume	فُلْيَمْ	Mogal-lad, *-ât*	مُجَلَّد
Preface	پْرِفَسْ	Mokad-dama, *-ât*	مُقَدِّمة
Index	إنْدِكْسْ	Fah-ras, *fahâres*	فِهْرس
Column	كُولُمْ	‘âmood, *‘awâmeed*	عَمُود
Catalogue	كَتَلُوجْ	Gad-wal, *gadâwel*	جَدْوَل
Programme	پْرُجْرامْ	Bornâmeg, *barâmeg*	بَيان . برنامج
Paper	پِيپَرْ	Waraq, *awrâq*	وَرَق
Sheet	شِيْتْ	Farkh, *afrokh*	فَرْخ
Ream	رِيمْ	Roz-ma, *roza*.	رُزْمَة
Pen	پِنْ	Qalam, *qilâm, aqlâm*	قَلَم
Nib	نِبْ	Reesha, *ri-yash*	رِيْشَة
Penholder	پِنْهُولْدَرْ	Yad-penna	يَد پِنّة
Ink	إنْكْ	Hhebr	حِبْر
Inkstand	إنْكْسْتانْدْ	Dawâya, *-ât*	دَواية
Slate	سْلِيتْ	Lôh ardewâz, *alwâh ardewâz*	لوح ارْدواز
Fountain-pen	فاونْتِين پين	Kalam Hebr, *aklam*	قلم حبر
Map	مابْ	Kharyta, *khara'et*	خريطة

Pencil	پِنْسِلْ	Qalam-rusàs, *qelâm-rusâs*	قَلَم رَصَاص
Compasses	كُمْپَسِزْ	Bar-gal, *barâgel*	بَرْجَل . فِرْجَار
Chalk	تْشُوكْ	Tabâshîr	طَبَاشِيرْ
Letter	لِتَرْ	Gawâb, *-ât*. Hharf, *ahrof, hheroof*	جواب حَرْف
Date	دِيتْ	Târîkh, *tawârîkh*	تارِيخ
Envelope	اَنْفِلُپْ	Zarf, *azrof*	ظَرف
Gum; Mucilage	جَمْ . مْيُوسِلَدْجْ	Samǵh sayel	صَمْغ سائل
Success	سَكْسِسْ	Nagâhh	نَجاح
Failure	فِيلْيَرْ	Fa-shal	خَيبَة . سُقوط . فَشَل
Address	أَدْرِسْ	‘enwâ-n, *-ât*	عُنْوان
Signature	سِجْنِتْشَرْ	Em-da, *-ât*	تَوقيع . إمْضاء
Seal	سِيلْ	Khetm, *akhtâm*	خَتم
Page	پِيدَجْ	Wag-h, *aw-goh*	صَحِيفَة . وَجْه
Line	لَيْنْ	Khat, *khetoot*; Satr, *setoor*	خَط . سَطر
Word	وِرْدْ	Kalima, kil-ma, *-ât*	كَلِمة
Sentence	سَنْتِنْسْ	Gom-la, *go-mal*	جُمْلَة
Lesson	لِسُنْ	Dars, *deroos*	دَرْس
Recitation	رِسِتِيشُنْ	Tasmî‘	تَسْمِيع
Study	سْتَدِي	Dars	درس
Ruler	رُولَر	Mastara	مسطرة

To recite	تُ رِسَيْتْ	Sammaʿ	سَمَّع
Translation	تْرَنْسْلِيشَنْ	Targama, *tarâgem*	تَرْجَمة
To translate	تُ تْرَنْسْلِيتْ	Targem	تَرْجم
Explanation	اِكْسْپْلَنْيشَنْ	Tafsir, *tafâsser*	تَفْسِير
To explain	تُ اِكْسْپْلِينْ	Fassar	فَسَّرَ
Dictation	دِكْتِيشَنْ	Emla	إمْلاء
To dictate	تُ دِكْتِيتْ	Malla	أملى على . مَلّى
Analysis, parsing	پارْسِنْج	Tah-lîl; Eʿràb	تحليل . إعْراب
Writing	رَايْتِنْج	Ketâba, *-ât*	كِتابَة
To write	تُ رَيْتْ	Katab	كَتَبَ
Rùle	رُولْ	Qâʿeda, *qawâʿed*	قاعِدَة
Reading	رِيدِنْجْ	Qerâya	قِراءة
Composition	كُمْپُزِشَنْ	En-sha	إنْشاء
By heart	بايْ هَارْتْ	Ghây-ban	غايباً . عن ظَهْر القَلْب
To repeat	تُ رِپِيتْ	Râgeʿ	كَرَّرَ . راجَعَ
Mistake	مِسْتِيكْ	Ghalta, ghalat, *ghaltât*	غَلَط
Copy	كُپِي	Noskha, *nosakh.*	نُسْخَة
Permission	پِرْمِشَنْ	Ezn; Tas-reeh	تَصْرِيح . إذْن
Right	رَيْت	Sahh	صح
Task	تَسْك	Wagueb	واجب

Vacation	فَكيشَن	Betâla, Foss-hha	فسحة
Leisure time	لِيجِرْتيم	Waqt fada وقت فضاء . وقت الفراغ	وَقْت فضاء
Prize	پرَايْز	Gây-za, *gawâyez*	جائزة
Medal	مِدَل	Nîshân, *nayâsheen*	نِيشَان
Punishment	پَنِشْمَنْت	ʿeqâb, *-ât*	عقاب
Reward	رِوِيرْد	Mokâfa-ah, *mokâfa-ât*	مكافأة
Penknife	پَن نايف	Mat-wa, *malâwi*	مطواة
India rubber	إِنْدِي رَبَر	Massàhha, *-ât*	مَسَّاحَة
Mark	مارْك	ʿalâma, *-àt*	عَلامة
Examination	إِجْزَمِنِيشَن	Emtehàn, *-àt*	اِمتِحان
Football	فُتْبُول	Kôret el qadam	كُرَة القَدَم
Gymnastics	جِمْنَاسْتِكْس	Gombaz	جمناز . جُمباز
Arithmetic	أرِثْمَتِك	Hhessàb	حِساب
Geometry	چيُمِتْر	Handa-sa	هَنْدَسَة
Algebra	أَلْجِبْر	Gabr	جَبْر
History	هِسْتِر	Târeekh	تارِيخ
Grammar	گْرَمَر	Agroomiya	أجرومية
Drawing	دْرُوِنج	Rassm	رَسْم
Spelling	سْپِلِينج	Tahgi yat	تهجية
To spell	تُ سْپِل	Etthagga	اتهجى

Language	لانْجْوِدْجْ	Lugha	لِسَان . لُغة
Poetry	بُوِيتْرِ	Nazm esh(1) she'r	نَظم الشِّعْر . القَرِيْضُ
Music	مْيُزِك	Musîqa	مُوسيقى
Law	لُوْ	Sharî'a	حُقُوق . شَرِيعة
Mathematics	مَثِمَتِكْسْ	Reyâda	حِسَابات . رِياضَة
Physics	فِزِكْس	'elm et(1) tabee'a	عِلم الطبيعة
Chemistry	كِمِسْتْرِ	" el kîm-ya	« الكِيمْياء
Geography	جِيجْرَفِ	" el goghrâfia	« الجغْرافية
Philosophy	فِلُزُفِ	" el fal-safa	« الفَلْسَفَة
Philosopher	فِلُزُفِرْ	Faylasoof	فَيْلَسُوف
A learned man	لِيرْنْدْمَانْ	'âlem	عالِم
Illiterate	إِلِّتِرِتْ	Om-mi	غَير متَعلّم . أُمّي
Ignorant	إِجْنُرَنْتْ	Gâhil	لا يعرف . جَاهِل
Teaching	تِيتْشِنْج	Ta'leem	تَدريس . تعليم
Education	إِدْيُكِيشَنْ	Tarbiya	تَهذيب . تَربية

(1) For the sake of euphony, the letter "l" of the definite article "el" is usually assimilated with the Sun letters "s, sh, d, n, r, t, z" when one of them begins a word.

المعادِن والأحْجار الثمينة الخ .

Metals, Precious Stones, etc.

Gold	جولْدْ	Da-hab	ذَهَب
Silver	سِلْفَر	Fed-da	فِضَّة
Copper	كُپَرْ	Nahâs ahhmar	نُحاس أحْمَر
Brass	بَرَاسّ	" as-far	« أصْفر
Iron	أيَرْنْ	Hhadeed	حَديد
Lead	لِـدْ	Rossâs	رصَاص
Magnet	مَجْنِتْ	Maghnatees	مغْنَطيس
Steel	سْتِيلْ	Solb, boolâd	بُولاد . صُلْب
Tin	تِنْ	Safeehh	تَنَك. صَفِيح
Zinc	زِنْكْ .	Zink	صَاج . زِنْك
Diamond	دَيَمُنْدْ	Almâs	الماس
Emerald	اِمِرَلْدْ	Zomor-rod	زُمُرّد
Agate	أجيِتْ	ʿaqîq	عَقِيق
Coral	كُورَلْ	Morgân	مُرْجان
Pearl	پيرِلْ	Lûlû, Lûli	لؤْلؤْ
Crystal	كرِسْتَلْ	Bannoor	بَلّور . بَنور

لم نذكر هنا بعض الأسماء التى لا تختلف فى اللغتين مثل البرنز والنيكل الخ

We omitted some names which are the same in Arabic; e.g. Nickel, Bronze, &c.

Sulphur	سَلْفَرْ	Kabreet	كِبْرِيت عَمود
Pitch	پِتْش	Zeft	زِفْت
Tar	تَارْ	Atrân	قَطران
Kerosene; petroleum	كِرُسِينْ	Gâz; ghâz	جَاز
Benzine; gasoline	بِنْزِينْ	Gasoline; benzeen	بَنْزِين
Sand	سَانْدْ	Raml	رَمْل
Cement	سِمِنْتْ	Semen'to	سِمِنْتُو . أَسْمَنْت
Lime	لَايْم	Geer, Kels,	كَلْس . جِيْر
Starch	سْتَارْتْش	Nesha	نَشَا
Metal	مِتَلْ	Ma'dan, *ma'âden*	مَعْدِن
Glass	جْلَاصْ	Ezâz	زُجَاج . قِزَاز
Bottle	بُتْلْ	Ezâza, *azâyez*	زُجَاجة . قِزَازة
Quicksilver	كُوِكْ سِلْفَرْ	Zêbaq	زِيبَق
Acid	أَسِدْ	Hhemd, *ahh-mâd*	حِمْض
Rust	رَسْتْ	Sada	صَدَاء

The English-speaking learner of Arabic is recommended to use, in conjunction with this book, ELIAS' PRACTICAL GRAMMAR and VOCABULARY of the COLLOQUIAL ARABIC, published by Elias' Modern Press, Cairo.

فى الفلاحَةِ والخضْروات والبُقول

Farming, Vegetables and Pulse.

Farm	فَارْمْ	ʿez-ba, *ʿezab*	مَزرعة . عزبة
Land	لانْدْ	Ard, *arādi*	أرض
Garden	جَارْدَنْ	Genēna, *ganāyen*	بُسْتان . جنينة
Canal	كنَالْ	Ter-ʿa, *teraʿ*	تِرْعة
Drain	دْرَيْنْ	Mas-raf, *masâref*	مَصْرف
Mill	مِلّ	Tâhhoo-na, *tawâhheen*	طاحُونة
Water-wheel	ووتَرْ وِيْل	Sâkya, *sawâki*	ساقية
Pump	پَمْپْ	Trum-ba	طُرُمبَة
Dam	دَامْ	Sadd, *sedood*	خزان . سَدّ
Fountain	فونْتَيِن	Fasqi-ya, *fasâki*	فَسقية
Farmer	فارْمَر	Fallâhh, *-een*	فَلاّح
Pen for cattle	پِنْ فورْ كتَلْ	Zerîba, *zarâyib*	زَرِيبَة
Tree	تْري	Shagara, *shagar*	شَجَرة
Branch	بْرَانْتش	Farʿ, *ferooʿ*	فَرع
Root	رُوتْ	Gidr, *gidoor*	جِذْر
Trunk	تْرُنْك	Gezʿ, *gizooʿ*	جِزْع
Artichoke	أرتيشوك	Kkarshoof	خرشوف

Leaf	لِيْف	Waraqa, *waraq*	وَرَقة
Wheat, Corn	وِيْت. كُرْن	Qamhh	قَمْح
Barley	بارْلِي	Sha'eer	شَعير
Maize	مِيز	Dura	ذُرَة (شاميَّة)
Peas	پِيْز	Hom-mos, Be-sella	حمّص.بسلّة
Beans	بِيْنْز	Fool, Loob-ya	فُول . لوبيا
Spinach, Spinage	سْپِنِدْج	Sabânekh	سَبانخ
Egg-plant	إِجْ پلاَنْت	Betengân	بَتِنْجان . باذنجان
Lentils	لِنْتِلْز	'ads	عَدس
Lupine	لْيُوپَاين	Ter-mes	تُرمِس
Potatoes	پُتَيْتُز	Batâtes	بَطاطِس
Tomatoes	تُمَيْتُز	Tamâtem	طَماطِم
Turnip	تَرْنِپ	Lift	لِفْت
Cabbage	كَبِدْج	Koronb	كُرُنْب
Cauliflower	كولِفْلاوَر	Qarnabeet	قَرْنَبيط
Lettuce	لِتَس	Khass	خَسّ
Radish	رَدِش	Fegl	فِجل
Onion	أُنْيَن	Bassal	بَصَل
Celery	سِلِري	Karafs	كرفس

Garlic	جَارْلِكْ	Tôm	تُوْم
Cucumber	كْيُكَمْبَرْ	Kheyâr	خَيَار
Mallows	مَلُوزْ	Khob-bêza	خُبِّيزَة
Parsley	پَارْصْلِ	Baq-doones	بَقْدُونس
Leeks	لِيْكْسْ	Kor-rât	كُرّاث
Mint	مِنْتْ	Ne'nâ'	نَعْناع
Cumin	كَمِنْ	Kam-moon	كَمّون
Fennel	فِنِلْ	Shamar	شَمَر
Aniseed	أَنِسِيْدْ	Yan-soon	يانْسون
Sesame	سِسَمِ	Sem-sem	سِمْسِم
Carrot	كَرُتْ	Gazar	جَزَر
Beetroot	بِيْتْ رُوت	Bangar	بَنْجَر
Olive	أُلِفْ	Zêtoon	زَيْتُون
Pasture	پَسْتْشَرْ	Mar'a	مَرْعى
Forage	فُرَدْجْ	'alaf	كَلَأ . عليق . عَلَف
Herb	هيرْبْ	'Eshb; 'oshb, *a'shâb*	عُشْب
Grass, Herb	جْرَاس	Hhashîsh, ***hhashâyesh***	حَشيش
Hay	هِيَ	Deris	دَرِيْس
Pea-nut	پِي نَتّ	Fool sudani	فول سودانى

Straw	سْتْروُ	Qash	قَشّ
Rice	رَيْسْ	Rozz	رُزّ . أرُزّ
Field	فِيْلْدْ	Ghêt, *ghêlân*	حَقْل . غَيْط
Acre *(Feddân)*	اِيْكَرْ	Faddân, *fadâdeen*	فَدّان
Crop	كْرُپْ	Mahh-sool, *mahhâseel*	مَحْصُول
Seeds	سِيْدْزْ	Bezr, bezoor	تَقاوِي . بُذور
Plough	پْلَاوْ	Mehh-rât, *mahhâreet*	مِحْراث
Manure	مَنْيُوْرْ	Sebâkh, *asbikha;* Semâd	سِبَاخ
To plough	تُ پْلَاوْ	Hharat, (eh-ret)	حَرَثَ
" irrigate	» اِرِّجِيْتْ	Saqa, (es-qî) (1)	أرْوَى . سَقَى
" dig	» دِجْ	ʿazaq, (e-ʿzaq)	عَزَقَ
" cultivate	» كَلْتِقِيْتْ	Falahh, (ef-lah)	فَلَحَ
" plant	» پْلَانْتْ	Zaraʿ, (ez-raʿ)	زَرَعَ
" saw	» سُوُ	Ba-dar, (eb-dor)	بَذَرَ

---

(1) Verbs inserted in brackets are in the Imperative mood, second person singular masculine, which is more simple for forming the other tenses and moods than the conventional way of considering the Past tense as root.

Fruits and Flowers. الأثمار والأزهار

An orange	أُرَنْج	Burtoqāna (1)	برتقالة
An apple	أَبِّل	Toffāha, *-āt*	تفاحة
A pear	پِيَرْ	Kommetrâya (1)	كمثراية
Peaches (a peach)	پِيتْشِز	Khôkh (2)	خوخ
Figs (a fig)	فِجْز	Tîn (2)	تين
Sugar cane	شُجَرْ كِين	Asab	قصب
Grapes	جْرِيپْس	ʿenāb	عنب
Bunch	بَنْتْش	ʿanqood, *ʿanâqeed*	عنقود
Quince	كوِنْس	Safar-gel	سفرجل
Raisins	رِيزِنْس	Zebeeb	زبيب
Melon	مِلَنْ	Shammâm	شمام
Water-melon	ووتَرْ مِلُن	Batteekh	بطيخ
Apricot	اِپْرِكُت	Mish-mish	مشمش
Banana	بنَانَ	Môz (2)	موز

(1) Plurals of the names of fruits and flowers, and most of the feminine nouns ended in (a) are formed by affixing (-ât) to the singular. (2) Generic Noun. A peach is, *khokha*: a fig *tîna*, and so on.

Mulberry	مَلْبَرِ	Toot	تُوْت
Dates	دِيتْسْ	Balahh (balahha)	بَلَح
Compressed-dates	كُمْبْرِسّدْ دِيتْس	'ag-wa	عَجْوَة
Almonds	اَلْمُنْدزْ	Lôz (lôza)	لَوْز
Chestnut	تْشِسْتْنَتْ	Gôz (gôza)	عَيْن الجَمَلِ . جوْز
Dessert	دِ سِّرْتْ	Noql; Hhelw	نُقْل . حُلو
Lemon	لِمُنْ	Lamoon (lamoona)	لَيْمون
Cherry (cherries)	تْشِرِ	Karaz, Kerêz	كَرَز
Ananas	اناناس	Ananâs	آناناس
Sycamore	سِكَامُورْ	Gommêz	جُمَّيْز
Gooseberry	جُوزْبَرِ	'enab el deeb	عِنَب الديْبِ
Cocoa-nut	كُوكُوْنَتْ	Gôz-hend	جوْز الهِنْد
Tamarind	تَمَرِنْدْ	Tamr-hendi	تَمْر هِنْدي
Hazel-nut	هيزِلْ نَتْ	Bondoq	بُنْدُق
Ripe	رَايْپْ	Mes-tewi	مسْتوي . ناضِج
Green, Unripe	جْرِيْنْ	Mush mestewi	مُشْ مسْتَوي . فِج
Trellis	تْرَلِّس	Ta'rîsha	تَكْعيبة . تَعْريشَة
A flower	فْلَوَرْ	Zahra, *zahr*, *zehoor*	زَهْرَة
Plum	پْلَمّ	Barkook	برقوق
Guava	جْوافَ	Gawafa	جوافه

Bud	بَدْ	Zer	بُرْعُم . زرّ
Vine	ڤَاين	Karm, *koroom*	كَرْم
Juice	جُوسْ	'Assîr	عَصِيْر
A rose	روزْ	Warda	وَرْدَة
Pink	پِنْكْ	Oronfel	قرنْفل
Violet	ڤَيُلَتْ	Banafsig	بَنَفْسج
Jasmine	جَسْمِنْ	Yâsmîn	ياسمين
Narcissus	نَرْسِسَسْ	Nargis	نَرْجس
Henna blossoms	هِنَّا بلُسُمزْ	Tamr-hhenna	تَمْر حنّا
Arabian Jasmine	أَرِيبْيَنْ جَسْمِنْ	Foll	فُلّ
Myrtle	مِرْتِلْ	âss	آس
Daisy	دِيزِي	Oqhhowân	اقْحُوان . زَهْرة اللؤْلؤ
Perfume	پَرْفيُومْ	'ettr	رائحة . رِيحَة . عِطْر
Smell, Odour	سْمَلْ . اوُدَرْ	Rî-hha, *rawâyeh*	رائحة . رِيحَة
To scent	تُ سِنْتْ	'attar	عطَّر
To smell	تُ سْمِلْ	Shamm, (shimm).	شَمّ

أعْضاءُ ووَظائِف الجسَد

Parts and functions of the Body.

Body	بُدِ	Gesm, *agsâm*	جِسْم ، جَسَد
Head	هِدْ	Râs, *roos*	رَأس
Hair	هيَرْ	Sha'r, *she'oor*	شَعْر
Face	فيَسْ	Waggh, *wegooh*, / Wish, *wishoosh*	وَجْه
Cheek	تْشِيْكْ	Khadd, *khedood*	خَدّ
Nose	نوزْ	Manakhîr, anf, *enoof*	أَنْف
Ear	إيرْ	Wedn, *wedân*	اذن
Mouth	مَاوْثْ	Hhanak, fom, *afmâm*	فَم
Tooth	تُثْ	Senn	سِن
Teeth	تِيثْ	Asnân, senân	اسْنان
Lip	لِپْ	Sheffa, *shafâyef*	شَفَة
Chin	تْشِنْ	Daqn, *deqoon*	ذقن
Palate	پْليتْ	Saqf-el-hhalq	سَقْف الحلْق
Tongue	تَنْج	Lisân, *alsina*	لِسَان
Throat	ثْرُوتْ	Zôr, *azwâr*	زوْر
Gum	جَمْ	Lessa	لثة
Gland	جْلاند	Ghodda, *ghodad*	غدة

Beard	بِيرْدْ	Lehh-ya, *lehha*	ذَقن . لِحْيَة
Neck	نَكْ	Raqaba, *riqâb*	رَقَبَة
Moustaches	مُسْتَاشِزْ	Shanab, *ashnâb*	شَارب.شَنَب
Jaw	چُو	Fak, *fekook*	فَكّ
Dimple	دِمْپِـلْ	Ghammâza, *-ât*	غَمَّازَة
Forehead	فورْهِدْ	Gib-ha, *gibâh*	جَبْهَة
Skull	سْكَلْ	Gomgoma, *gamâgem*	جُمْجُمَة
Skeleton	سْكَلِتُنْ	Haikal ʿazmi, *hayâkel*	هَيكَل عَظْمِي
Eye	آيْ	ʿên, *ʿeyoon*	عَيْن
Pupil of the eye	پْيُوپِل أُفْ ذَ آيْ	Ensân-el ʿên	بُؤْبُؤ العَيْن . إِنْسَان العَيْن
Eyebrow	آيْ بْرَاوْ	Hhâgeb, *hhawâgeb*	حاجِب
Eyelid	آيْ لِدْ	Gafn, gifn, *gifoon*	جَفْن
Eyelashes	آيْ لَشِزْ	*Remoosh* (rimsh)	رمُوْش
Shoulder	شولْدَرْ	Kitf, *aktâf, kitâf*	كَتِف
Arm	آرْمْ	Diraʿ *adroʿ*	ذِراع
Elbow	إِلْبُ	Kooʿ, *keeʿân*	كُوع
Hand	هَانْدْ	Yad, *ayâdi*	يَد . إِيْد
Palm	پَـامْ	Kaff, *kefoof*	كَف
Backbone	باكْ بُـون	Selselat al zahr	سلسلة الظهر
Brain	بْرِين	Mokh	مُخ

Wrist	رِسْتْ	Meʿsam, *maʿâsem*	معْصَم . رُسْغ اليَدِ
Finger	فِنْجَرْ	Sobâʿ, *asâbeʿ*	اصبع . صُبَاع
Toe	تُوْ	Ebhâm er regl	إبْهَام الرِجْل
Nail	نَيْل	Dofr, *adâfer*	ظُفْر
Rib	رِبْ	Delʿ, *delooʿ*	ضِلْع
Liver	لِـفَرْ	Kebd, *akbâd*	كَبِد
Chest	تْشِسْتْ	Sadr, *sodoor*	صَدْر
Breast	بْرِسْتْ	» »	» . ثَدْي
Back	بَاكْ	Dahr, *dohoor*	ظَهْر
Side	سايْدْ	Ganb, *ganâb, gawâneb*	جَنْب
Stomach	سْتُمَكْ	Meʿda, *meʿad*	بَطْن . معدَة
Belly	بِـلِي	Batn, *betoon*	بَطن
Bowels	بَاوِلْـز	Masâreen	مصَارِيْن
Thigh	ثَايْ	Fakhd, *afkhâd*	فَخْذ
Knee	نِيْ	Rokba, *rokab*	رُكْبَة
Leg	لِـجْ	Sâq, *seeqân*	سَاق
Foot	فُتْ	Regl, *argol*	رِجْل . قَدَم
Heart	هَارْتْ	Qalb, *qeloob*	قَلْب
Fist	فِـيسْتْ	Kabdat al yad	قبضة اليد
Heel	هِـيل	Kaaʿb	كعب

Lung	لَنْج	Riy-ya, *-ât*	رِئَة
Bone	بُونْ	ʿadm, *ʿedam*	عَظْم
Skin	سْكِنْ	Gild, *gilood*	جِلْد
Flesh	فْلَش	Lahhm, *lehhoom*	لَحْم
Muscle	مَصْل	ʿadala, *-ât*	عَضَلَة
Nerve	نِيرْق	ʿasab, *aʿsâb*	عَصَب
Vein	قَيْن	ʿerq, *ʿerooq*	عِرق
Artery	أَرْتَرِ	Sharayân, *-ât*	شريان
Blood	بْلَدْ	Damm, *dimâ*	دَمّ
Bile	بَايْل	Saf-ra	صَفْراء
Sweat; perspiration	سْوِتْ	ʿAraq	عَرَقٌ
To sweat, to perspire	تُ سْوِتْ	ʿEreq	عِرِقَ
Pores	پُورْز	Mabâsem	مسام . مَباسِم
Saliva, spittle	سْپِتِل	Tefâf, reeq	رِيق . تفاف
To spit	تُ سْپِتْ	Taff, (tiff)	تَفَّ
Mucus	مْيُوكُس	Mokhât	مخاط
Tears, (a tear)	تِيرْز	Demooʿ, (dem-ʿa)	دموع
Sight	سَايْت	An-nazar	النَّظَر
To swallow	تُ سوالو	Balaʿa (eblaʿ)	بلعَ
To eat	تُ إيت	Akal (kol)	أكَلَ

To see	تُ سِيْ	Nazar, shâf, (shoof)	نَظَر . شَاف
Hearing	هِيْرِنْج	As samaʿ	السمْع
To hear	تُ هِيْرْ	Séme', esmaʿ	سَمِع
Taste	تِيَسْت	Zôq, *azwâk*	ذَوْق
To taste	تُ تِيَسْت	Zâq, Daq, (dooq)	ذَاقَ
Feeling	فِيلِنْج	Hhass, sheʿoor	شُعُور . حَسّ
To feel	تُ فِيْل	Hhass, shaʿar (hess, eshʿor)	شعَر . حَس
Sleep	سْلِيْپْ	Nôm	نَوْم
To sleep	تُ سْلِيْپْ	Nâm	نَامَ
Sleepy	سْلِيْپِي	Naʿsân	نَعْسَان
Cry	كْرَايْ	Sorâkh	صرَاخ . زَعيق
To cry	تُ كْرَايْ	Sarakh, (esrokh)	صَرَخَ
Weeping	وِيْپِنْج	Bokâ	بُكَاء
To weep	تُ وِيْپْ	Báka, (ebki)	بَكَى
Laughing	لَافِنْج	Dehhk	ضِحْك
To laugh	تُ لَافْ	Dehhek, (edhhak)	ضَحِكَ
Weak	وِيْك	Daʿeef, *doʿafa*	ضَعيف
Strong	سْتْرُنْج	Qawi, *aqwiya*	قَوي
To smell	تُ سْمِلّ	Shamma	شَمَّ
To urinate	تُ إِيْرِينِيت	Baala (bawell, shokh)	بَالَ . بوّلَ

Hungry	هَنْجْرِ	Gooʻân, *-în*	جائِع . جُوْعَان
Thirsty	ثِيَرْسْتْ	ʻatshan, *-în*	عَطْشان
Dream	درِيْمْ	Hhelm, manam	حُلْم . مَنَام
To dream	تُ ذرِيْم	Hhelem. (ehh-lam)	حَلَمَ
To sigh	تُ صَاي	Tanah-had, (etnah-hed)	تَنَهَّدَ
To smile	تُ صَمايِلْ	Tabas-sam, (etbas-sem)	تَبَسَّمَ
To frown	تُ فْرَاوْنْ	Kash-shar	عبَّسَ . كَشَّرَ
To speak	تُ سْپِيكْ	Takallam, (etkal-lem)	تَكَلَّمَ
To breathe	تُ بْرِيْذْ	Tanaffas, (etnaf-fes)	تَنَفَّسَ
Breath	بْرَثْ	Nafas	نَفَس
Pulse	پَلْصْ	Nabḍ	نَبْض
Rest	رِسْتْ	Râhha	راحَة
Fatigue	فَتِيجْ	Taʻab, *atʻâb*	تَعَب
Tired	تَيَرْدْ	Taʻbân, *-în*	تَعْبان
Ugly	أَجْلِ	Wihhish, *-în*	شَنِيعْ . وِحِش
Nice	نَيْسْ	Latîf, *lotâfa*	لَطِيف
Walking	ووُكِنْجْ	Mashi	مَشْي
To walk	تُ وُوكْ	Meshi, (em-shi)	مِشِي
To wrok	تُ وِرْك	Eshtaghal (eshtaghel)	أشتغلَ

To take a walk	تُ تِيكْ اِوُوكْ	Tafas-sah, (etfas-sah)	تفسَّح
Noise	نُوِيْزْ	Dôdâ; daw-sha	ضَوْضَاء . دَوْشَة
Silence	سَيْلِنْسْ	Sekoot	سُكوت
Silent	سَيْلَنْتْ	Sâket, *-în*	سَاكِت
Voice	ڤُويْسْ	Sôt, *aswât*	صَوْت
Yawning	يُونِنْج	Metâw-ba	تثاؤب . متاوَبَة
Countenance	كَوْنْتَنَنْس	Malâmehh	مَلامِح
Features	فِيْتْشَرْزْ	Taqâtí' el wag'gh	تقاطِيع الوَجْهِ
Complexion	كُمْپْلِكْشَنْ	Lôn el gessm	لونُ الجِسْم
Beauty	بْيُوْتِ	Gamâl	جَمال
Health	هِلْثْ	Seh-ha	صِحَّة
Strength	سْتْرَنْثْ	Quw-wa	قُوَّة
Nourishment	نُرِشْمِنْتْ	Taghziya	تَغْذِيَة
Sweat	سْوِتْ	'araq	عَرَق
Stoutness; Corpulence	سْتَاوْتْنِسّ	Sim-na	سِمَن . سِمْنَة
Stout; Corpulent	سْتَاوْتْ	Semîn, *sumân*	سَمِين
Lean	لِيْنْ	Nahhif, *nuhhafa*	نَحِيف
Leanness	لِيْنْنَسْ	Nohhf, nahhâfa	نُحْف
Constitution	كُنْسْتِتْيُوْشَنْ	Ben-ya	بِنْيَة

الأمراضُ والحوادِث والعِلاجات

Diseases, Accidents and Remedies

Sick, ill	سِكْ . إلّ	ʿay-yân, *–în*	مَرِيض . عَيّان
Sickness, disease	سِكْنِس	Marad, *amràd*	مَرَض
Contagious disease	كُنْتيِجْيَس دِزِيْز	" mo'di	« مُعْدِي
Giddy; dizzy	جِد	Dâyekh	دَايِخ
Swelling	سْوَلِنْج	Waram, *awrâm*	وَرَم
Pain	پَيْن	Wagaʿ, *awgàʿ*	وَجَع
Colic	كُلِك	Maghs; Wagaʿ hatn	مَغْص
To swoon; faint	تُ سْوُوْن	Ghemi	أغْمى عليه . غِمِي
Fever	فِيْفَر	Hhom-ma	حُمَّى
Scarlet fever	سْكَارْلِت فِيْفَر	" qermezi-ya	« قِرْمِزِية
Cholera	كُلِرَ	Kolera	هَوَاء أصْفَر . كوليرا
Consumption	كُنْسَمْشَن	Soll; sell	سُلّ
Measles	مِيْزِلْز	Hhas-ba	حَصبة
Pox	پُكْس	Zoh-ri	زُهْرِي
Small pox	سْمُولْ پُكْس	Ged-ri	جدرِي
Chicken-pox	« تْشِكِن	" may-ya	« الماء

Recovery	رِكَفُرِ	Shefa	شِفاءٌ
Relapse	رِلَاپْس	Nak-sa	نَكْسَة
Wound	وُونْد	Garhh, *geroohh*	جُرْح
Cut	كَطْ	Qatt', *qetoo'*	قَطْع
Burn	بَيرْنْ	Hharq, *herooq*	حَرْق
Fall	فُولْ	Waq'a, *-ât*	سَقْطَة . وَقْعَة
Operation	أُپرِيشَنْ	'amali-ya, *-ât*	جِراحَة . عَمَلِيَّة
To shiver	تُ شِفَرْ	Erta'ash	إِرْتَعَش
Cold	كُولْدْ	Zokâm; Rash-h	زُكام . رَشْح
Cough	كُفْ	So'âl; Koh-ha	سُعال . كُحّة
Whooping cough	هُوْپِنج كُف	deeki	» دِيكِي
To catch cold	تُ كَتْشْ كُولْدْ	Rash-shahh	رَشَّح
To vomit	تُ فُمِتْ	Taqáya, etqâya	تَقَيَّأ
Humpbacked	هَمْپْبَاكْد	Ahh-dab, *hhudb*	مقوّتب . أحْدَب
Mad	مَادْ	Magnoon, *magânîn*	مَجْنُون
Idiot	اِيدْيُتْ	Ah-bal, *hobl*	أبله . أهْبَل
Deaf	دِفْ	At-rash, *torsh*	أَطْرَش
Dumb	ضَمْ	Akh-ras, *khors*	أَخْرَس

Scabby headed	سْكَبِ هِدِد	Aq-raʿ, *qorʿ*	أقْرَع
Baldhead; baldpate	بُولْدْهِد	Ass-laʿ, *solʿ*	أصْلَع
Blind	بْلاينْد	aʿ-ma, *ʿomy*	أعْمى
Lame	لِيم	aʿ-rag, *ʿorg*	أعْرج
One-eyed	وَن آيْد	aʿ-war, *ʿoor*	أعْور
One-armed	« آرْمْد	Ak-taʿ, *kotʿ*	أكْتَع
Short sighted	شُرْتْ سَيتِد	Ag-har, *gohr*	أجْهر
Bilious	بِلْيَس	Safrâwi, *–yîn*	صَفْراويّ
Plethoric	پْلِثُرِك	Damawi, *–yîn*	دمَويّ
Muscular	مَسْكُيلَر	ʿaddali, „	عضَلِيّ
Nervous	نَرْڤُس	ʿassabi, „	عصَبِيّ
Remedy	رَمِدِ	ʿelâg, *–ât*	عِلاج
Bath	باث	Hhammâm, *–ât*	حمام
Medicine	مَدْسِن	Dawa, *adwíya*	دَواء
Quinine	كْوِنَيْن	Keena	كِينا
Syrup	سِرُپ	Sharâb	شَراب
Pill	پِلّ	Hhabba, *hheboob*	حَبّة . حبوب
Poison	پُويْزُن	Somm, *somoom*	سُمّ

Blister	بْلِسْتَرْ	Hhorràqa	حُرَّاقَة
Laxative	لَكْسَتِفْ	Mos-hel, *-ât*	مُسْهِل
Purge	پْيَرْج	Shar-ba, *shorab*	شَرْبَة
Epsom salts	إِپْسُمْ سُلْتْسْ	Malhh engelìzi	مِلْح انكليزي
Castor oil	كَسْتُرْ أُيْلْ	Zêt khar-waʿ	زَيْت خَرْوَع
Cod-liver oil	كُدْلِفَرْ أُيْلْ	Zêt samak	زَيْت سَمَك
Gargle	جَارْجِلْ	Gharǵhara	غَرْغَرَة
Linseed	لِنْسِيدْ	Bizr kit-tàn	بِزْر كِتَّان
Eye-wash; eye-lotion	آي وَاشْ	Qatt-ra	قَطْرَة
Syringe	سِيْرِنْج	Hhoq-na, *hho-qan*	حُقْنَة
Ointment	أُيْنْتْمَنْتْ	Mar-ham, *marâhem*	مَرْهَم
Boil	بُوِيْلْ	Dim-mel, *damâmel*	دُمَّل
Pimple	پِمْپِلْ	Bath-ra, *bethoor*	بَثْرَة . فَسْفُوسَة
Ulcer	أَلْسَرْ	Qor-hha, *qorahh*	قُرْحَة
Rotten, decayed	رُتْنْ	Misaw-wis, *-în*	فاسِد . مسَوّس
Decayed tooth	دِكَيْدْ تُثْ	Sin misawẃis	سِنّ مسَوّس
Plague	پلَيْج	Tâʿoon	طاعُون
Paralysis	پَرَلِزِس	Fâlig	فَالِج

Epilepsy	إِپِلَپْسِ	Sara'	صَرَع
Inflammation	إِنْفْلَمِيشَن	Eltehâb, *-ât*	اِلْتِهَاب
Rheumatism	رُومَتِزْم	Rumatism	رُماتِزم
Rupture, Hernia	رَپْتْشَر . هِرْنِيَ	Eetâq	فَتْق . فتاق
Constipation	كُنْسْتِپِيشَن	Em-sâk	إِمسَاك
Diarrhœa	دَيَرِي	Es-hâl	اِسْهال
Headache	هَدَيْك	Sudâ'; Waga' râs	صداع
Patient	پِيشَنْت	'alîl; Marîd	عَليل . مَرِيض
Chloroform	كُلورُفُرْم	Beng	بنج
Anaesthetic	أَنِسْثِتِك	Mokhadder, *-ât*	مُنَوِّم . مُخَدِّر
Anaesthetize	أَنِسْتَتَايْز	Khaddar	نَوَّم . خَدَّر
Put under chloroform	پُتْ أَنْدَر كُلورُفُرْم	Ban-neg; Naw-wem	نَوَّم . بَنَّج

Food, etc. في الأكل وما إليه

Breakfast	بريكفست	Fotoor	فطور
Dinner	دِنَر	Gha-da	غِذَاء . غدا
Supper	سَپَر	ʿa-sha	عَشَاء
Appetite	أپِتَايت	Shahiy-ya	شَهيّة
Bread	برِد	Khobz, ʿêsh	خُبْز . عَيْش
Loaf, roll (of bread)	لوُفْ	Reghîf, *arghefa*	رَغِيف
Flour	فلَوَر	Deqeeq	طَحِين . دَقيق
Bran	بْرَان	Nokhâla, Radda	نُخالة . رَدَّه
Dough	دُو	ʿagîn	عَجين
Leaven, Yeast	ليْفِن	Khamîra, *khamâyer*	خَمِيرَة
Oven	اُفِنْ	Forn, *afrân*	فُرْن
Bakery	بيكَرِ	Makhbaz, *màkhàbez*	مَخْبَز
Fresh bread	فرَشْ برَد	ʿêsh tâza	عَيش (جَديد) طازه
Stale; old. „	» شتيل	" bâyet	» بايت
Crumbs	كرَمْز	Fatafît	لُقَم . فُتات . فتافيت
Cheese	تشِيز	Geb-na, *gi-ban*	جُبْن . جِبْنَة

Butter	بَتَرْ	Zeb-da	زبْدَة
Cream	كْرِيمْ	Qesh-ta	قِشْدَة . قِشْطَة
Oil	أُويْل	Zêt, *zeyoot*	زَيْت
An egg	آنْ اِجْ	Bêda, *bêd*, *-ât*	بَيْضَة
Yolk, Yellow	يُوكْ	Safâr el-bêd	صَفارُ البَيْض
Albumen, White	أَلْبِيُمِن	Bayâd el-bêd	بَياضُ البَيْض
Fried eggs	فرايْد اِجْزْ	Bêd maq-li	بَيْض مَقْلي
Boiled "	بُويْلْدْ «	" mas-looq	« مَسْلوق
Soft-boiled eggs	سُفْتْ «	" beresht	« بِرِشْت
Omelet	اُمْلِتْ	ʿegga	عِجّة
Pie	پَايْ	Fetîra	فطيرة
Cakes	كِيكْس	Kaʿk	كَعْك
Sandwich	سَنْدْوِشْ	Sandwish	شَطِيرْة . سَنْدْوِش
Sweetmeat, Sweets	سْوِيتْ مِيتْ	Hhalawi-yât	حُلْوَى . حَلَوِيات
Sugar	شُجَرْ	Sok-kar	سُكَّر
Marmalade, Jam	جَامْ	Merab-ba	مربّى
Drops	دْرُپْسْ	Basteelya	بَسْتِيلْيَة
Molasses, Treacle	تْرِيكِلْ	ʿasal	عسل اَسْوَد

Honey	هَنِ	ʻasal-nahl	عَسَل نَحْل
Meat	مِيْتْ	Lahhma, *lohhoom*	لَحْم
Mutton	مَطْنْ	" dâni	» ضَاني
Beef	بِيفْ	" baqari	» بَقَرِي
Veal	ڤِيلْ	" ʻag-gâli	» عجّالي
Roast-meat	رُوسْت مِيتْ	" mashwi-ya	» مَشْوي
Minced-meat	مِنْسِدْ مِيتْ	" mafrooma	» مَفْروم
Pork	پُورْكْ	Lahhm khanzîr	» خِنْزِير
Bacon	بِيَكُنْ	Bêkon	» » مُمَلَّح . بيكن
Ham	هَامْ	Jambôn	جَمْبُونْ
Sausage	سُسِيَدْجْ	So-goq	مقانِق . سُجُق
White meat	هْوَيْتْ مِيتْ	Lahhm ab-yad	لَحْم أَبيض
Lean "	» لِيْنْ	" ahh-mar	» أَحْمَر
Game "	» جِيْمْ	" sêd	» صَيْد
Fish	فِشْ	Sa-mak, -*at*, *asmâk*	سَمَك
Broth	بْرُثْ	Maraqa	مَرَقَة
Soup	سُوپْ	Shôrba	شُوْرْبة
Stuffed	سْتَفْدْ	Mahh-shi	مَحْشي
Boiled rice	بُيْلْدْ رَيْسْ	Rozz mefal-fel	رُزْ مُفَلْفَل

Salad	سَلَـدْ	Salata, *-ât*	سَلَطَة
Pickles	پِكِلْزْ	Tor-shi	مُخَلَّل طُرْشي
Salt	سُلْتْ	Malhh. *amlâhh*	مِلْح
Pepper	پِپَرْ	Fel-fel	فلفل
Spice	سْپَايْسْ	Bohâr, *-ât*	بُهار . بُهارَات
Mustard	مَسْتَرْدْ	Mastar-da	خَرْدَل . مسْتَردا
Milk	مِلْكْ	La-ban	حليب . لَبَن
Curdled milk	كَيرْدِلْدْ مِلْكْ	Laban râyeb	لَبَن رايِبْ (حامِض)
Tea	تِيْ	Shây	شَاي
Coffee	كُفِ	Qah-wa, *qahâwi*	قَهْوَة
Lemonade	لِمُنِيدْ	Lamonâda	ليمونادَة
Beer	بِيرْ	Bîra	بِيْرة
Wine	وَايْنْ	Nebeet, Khamr, *Khumûr*	نَبيذ . خَمْر
Vinegar	ڤِنِجَرْ	Khall	خَل
Liquors; Drinks	لِكُرْزْ	Mashroobât	مَشْروبات
Spirit; Wine	سْپِرِتْ . وَايْنْ	Muskir, *-ât* Khamr, *khumoor*	خَمر
Banquet	بَنْكْوِتْ	ʿezooma	وَليمة . عزُومة
Guest	جِسْتْ	Dêf, *deyoof*	ضَيف
Host	هُسْتْ	Modif	صاحِب الضيافة . مُضيف

في الأُقارِب وأحوال المعيشة

Kindred and Phases of Life.

Family	فَمِلِ	ʻêla, famîl-ya, *-ât*	عائلة
Parents	پيَرِنْتْس	Wâlidên	والِدَان . والدَيْن
Husband	هَزْبَنْدْ	Gôz, Zôg, *azwâg*	زَوْج
Wife	وَايْفْ	Zôga, *-ât*	زَوْجَة
Father	فَاذَرْ	Ab, *âbà, abbahât*	أب
Mother	مَذَرْ	Om, *ommahât*	أمّ
Brother	بْرَذَرْ	Akh, *ekh-wa*	أخ
Sister	سِسْتَرْ	Okht, *ekhwât*	أُخْت
Son	سَنْ	Ebn, *abnâ, awlâd*	اِبْن
Daughter	دوُتَرْ	Bent, *banàt*	اِبْنَة . بِنْت
Sister-in-iaw	سِسْتَرْ إِنْ لوُ	Okht el zog; Okht el zôga; Meràt el akh.	أُخْت الزوْجِ أو الزوجة . اِمْرأة الأخ
Father-in-law	فاذَرْ إِنْ لوُ	Abou el zôga; " el zôg	أبو الزوجَة أو أبو الزوج
Mother-in-law	مَذَرْ إِنْ لوُ	Om el zôga; " el zôg	أم الزوجَة أو الزَوْج
Son-in-law	سَن إِنْ لوُ	Zôg el bent	زَوج البِنت
Daughter-in-law	دوُتَرْ إِنْ لوُ	Zoget el ebn	زَوْجة الابْن

Step-father	سَتِپْ فَاذَرْ	Zôg el omm	زَوْج الأُمّ
Step-mother	« مَذَرْ	Zôget el abb	زَوْجَة الأب
Uncle	أَنْكِل	ʿam, Khâl *aʿmâm, kkîlân*	عمّ . خَال
Aunt	آنْتْ	ʿam-ma, Khâla	عَمَّة . خالَة
Cousin	كَزِنْ	Ebn ʿam, Bent ʿam	ابن عَمّ . ابنة عَمّ ابن خال . ابنة خال
Nephew	نِفْيُو	Ebn akh, Ebn okht	اِبن أَخ . اِبن أُخْت
Niece	نِيْس	Bent akh; Bent okht	بِنْتْ أَخ . بِنْت أُخْت
Grandfather	جْرَانْدْ فَاذَرْ	Gidd, *agdâd, gedood*	جَدّ
Grandmother	جْرَانْدْ مَذَرْ	Gidda, *–ât*	جَدَّة
Grandson	جْرَانْدْ سَنْ	Hhafeed, *ahhfâd*	حَفِيْد
Granddaughter	« دوتُرَ	Hhafeeda	حفيدَة
Offspring	أُفّ سْپرِنْج	Nasl	نَسْل
Twins	تْوِنْز	Tôm	توأمان . تُوم
Child; Baby	تْشَايْلْدْ	Ttifl	طِفْل
Children	تْشِلْدْرِن	Attfâl	أولاد . أطفال
Boy	بُوْيْ	Walad, *awlâd*	وَلَد
Girl	جيرْل	Bent, *banât*	بِنْت
Man	مَانْ	Ragol, *râgil, riggâla*	رَجُل

Men	مَنْ	Rigâl	رِجال
Young man	يَنْج مَانْ	Shâb, *shubbân*	فَتى . شَاب
Old man	اوُلْدْ »	ʻagooz, *ʻagâyez*	شَيْخ . عَجوز
Woman	وُمَنْ	Sitt, Emra-ah, Mara	أمْرأة
Women	وِمِنْ	*Nesâ, Neswân, Sittât*	نِسَاء
Young woman	يَنْج وُمَنْ	Shâbba, *-ât*	شَابَّة
Old	اوُلْدْ »	ʻagooza, *ʻagâyez*	عَجُوز. عجوزة
Male	مِيلْ	Zakar, *zekoor*	ذَكَر
Female	فِمِيَلْ	Onsa, *onâs*; nitâya (for beasts)	أنثى
Virgin	فِرْجِنْ	Bekr, *bakàra*	عذراء . بكر
Sex	سِكْسْ	Gens, *agnâs*	جِنْس
Orphan	اُرْفَنْ	Yatîm, yatîma, *yutama*	يَتِيم . يَتِيمَة
Widower	وِدُوَرْ	Armal, *arâmel*	أرْمل
Widow	وِدُ	Armala, *arâmel*	أرْملة
Bachelor, Single	بَتْشْلُرْ	ʻâzeb, *ʻozzâb*	أعْزَب . عازب
With child; big; pregnant	بِرِجْنَنْتْ	Hheb-la, *hhabâla*	حُبْلى.حَامِل
Delivery; Confinement	دِلِفَرِ	Welâda, *walâyed*	وِلادَة
Birth	بِيرْثْ	Milad, *mawâleed*	مِيلاد

Childhood	تشايلْدْهُدْ	Tefooli-ya	طفُولية
Youth	يُثْ	Shabeeba	شَبيبة
Young	يَنْج	Sughai-yar, *–în*	صَغِير
Manhood	مَانْ هُدْ	Rogooli-ya	رجُولِيَّة
Old-age	اوُلْدْ اِيَدْج	Shaykhoo-kha	شَيْخُوخَة
Old	اوُلْدْ	ʻagooz, *ʻagàyez*	عَجوز
Life	لَايفْ	Hhayât	حَياة
Death	دَثْ	Môt	مَوْت
Funeral	فيُوْنِرَل	Genâza, *ganâyez*	جَنازَة
Marriage	مَرِدْج	Zawâg, Zeega, *–ât*	زَواج
Ceremony	سِرِمَنِي	Hhaf-la, *–àt*	حَفْلة
Bridegroom	بْرَايْد جْرُوْمْ	ʻarees, *ʻersàn*	عَريس
Bride	بْرَايْد	ʻaroosa, *ʻaràyes*	عَروس
Divorce	دِفُورْس	Talâq	طَلاق
Heir	اِيَر	Wâris, *–în*	وارِث
Inheritance	اِنْهَرِتَنْس	Meerâs, *mawârees*	مِيْراث
Will	وِلْ	Wassi-ya, *wassâya*	وَصِيَّة
Rich, Wealthy	رِتْش	Gha-ni, *aghni-ya*	غَنِي

Wealth	وَلْث	Sarwa, *-âl*	ثَرْوَة
Poor	پُوْر	Faqeer, Maskeen *fuqara, masâkeen*	فقير. مِسْكِين
Education	إِدْيُكَيْشَنْ	Tarbiya	تَرْبِيَة
People	پِيْپُل	Sha'b, *sho'oob*	شَعْب
Nation	نَيْشَنْ	Om-ma, *omam*	أُمَّة
Illiterate	إِلْلِتِرِتْ	Om-mi, *-yîn*	أُمِّي . غير متعلّم
Illiteracy	إِلْلِتَرَسِ	Ommi-ya	أُمِّيَّة
Income	إِنْكَمْ	Mad-khool	مَدْخول
Business	بِزْنَسْ	Shoghl, *ashghâl*	شُغْل
Name	نَيْمْ	Esm, *asmâ*	إِسْم
Surname	سَرْنَيْمْ	Laqab, *alqâb*	لَقَب
Fame; Renown	فَيْمْ	Shohra	شُهْرَة

الأعداد الأصلية والترتيبية

Cardinal and Ordinal Numbers.

Zero, Naught	زِيْرُ . نوُتْ	Sefr, *asfàr*	صِفْر
One	وَنْ	wâh-hed	واحِد
Two	تُوْ	Etnên	اثنين
Three	ثْرِيْ	Talâta	ثلاثَة
Four	فوُرْ	Arba'a	أَرْبَعَة
Five	فايْفْ	Kham-sa	خَمْسَة
Six	سِكْسْ	Sit-ta	سِتَّة
Seven	سِڤَنْ	Sab'a	سَبعة
Eight	اِيتْ	Tamânya	ثمانية
Nine	نايْنْ	Tes'a	تِسْعَة

* Nouns coming after numbers falling between one and eleven are in the plural, and nouns following after all other numbers are in the singular.

There are three numbers in Arabic : the singular, the dual and the plural. The dual is formed by adding (*-ên*) to the singular, as : (Kitâb) one book, (Kitâb*ên*) two books, and (*-tên*) to the feminine which ends with (a), as; (Genêna) one garden, (Genêna*tên*) two gardens.

Feminine plural is formed by adding (*-àt*) to the singular; and most of the masculines ending in a consonant preceded by (*â*) form their plural by adding (*-în*) to the singular, as : (shayyâl*în*) porters.

Ten	تِنْ	ʿashara	عَشَرة
Eleven	اِلِفِنْ	Ehhdâ-shar	إحدَ عشَر
Twelve	تْوِلْفْ	Etnâ-shar	إثنا عشَر
Thirteen	ثِرْتِينْ	Talat-tâshar	ثلاثة عَشر
Fourteen	فُورْتِينْ	Arbaʿ-tâshar	اربعة عَشر
Fifteen	فِفْتِينْ	Khamas-tâshar	خَمسة عَشر
Sixteen	سِكْسْتِينْ	Sit-tâshar	سِتة عَشر
Seventeen	سِفِنْتِينْ	Sabaʿ-tâshar	سبعَة عَشر
Eighteen	اِيتْتِينْ	Taman-tâshar	ثمانية عَشر
Nineteen	نايِنْتِينْ	Tesaʿ-tâshar	تِسْعة عَشر
Twenty	تْوِنْتِ	ʿesh-reen	عِشْرون . عشرين
„ one	» وَنْ	Wâhhed we ʿeshreen	واحِد وعشرين
„ two	» تُوْ	Etnên we ʿeshreen	اثنين وعشرين
Thirty	ثِيرْتِ	Talâteen	ثَلاثون . ثلاثين
„ three	» ثْرِي	Talâta we talâteen	ثَلاثة وثلاثين
Forty	فُورْتِ	Arbaʿeen	أربعون . اربعين
„ four	» فُورْ	Arbaʿa we arbaʿeen	اربعة واربعون
Fifty	فِفْتِ	Khamseen	خَمسون . خمسين
Fifty-fifty	فِفْتِ فِفْتِ	Noss-Noss	نُص . نُص

(5) هدية

Fifty five	فِفتِ فَايْف	Khamsa we khamseen	خمسة وخمسون
Sixty	سِكْسْتِ	Setteen	سِتّون . ستين
„ six	سِكْسْتِ سِكْس	Setta we setteen	سِتّة وستون
Seventy	سِڤِنْتِ	Sab-ʿeen	سَبعون . سبعين
„ seven	« سِڤَنْ	Sabʿa we sabʿeen	سَبعة وسَبعون
Eighty	ايتْتِ	Tamâneen	ثمانون . ثمانين
„ eight	« ايتْ	Tamânia we tamâneen	ثمانية وثمانون
Ninety	نَايْنْتِ	Tes-ʿeen	تِسْعون . تِسعين
„ nine	« نَايْن	Tesʿa we tesʿeen	تِسْعة وتسْعون
A hundred	اَهَنْدْرِدْ	Mi-ya	مائة . مِيّة
A hundred and one	« انْدْ وَنْ	" we wâhhed	« وواحِد
Two hundred	تُوهَنْدْرِدْ	Miyatên, Meetên	مايتان . مائتين
Three hundred and four	ثْرِي هَنْدْرِدْ انْد فُورْ	Tolto-miya we arbaʿa	ثلاثمائة وأربعة
A (one) thousand	اِثَاوْزَنْدْ	Alf	الف
Three thousand	ثْرِي ثَاوْزَنْدْ	Talât aâlâf	ثلاثة آلاف
A million	اِمِلْيُنْ	Malyoon	مليون
Four million	فُورْمِلْيُنْ	Arbaʿat malâyeen	أربعة ملايين
First	فِيرْسْتْ	Aw-wal	أوّل

فى اللغة الانجليزية لا يعرف المثنى فما زاد عن واحد فهو فى صيغة الجمع

Second	سِكَنْدْ	Tâni	ثانٍ . ثاني
Third	ثيرْدْ	Tâlet	ثالِث
Fourth	فُرْثْ	Râbe'	رابِع
Fifth	فِفْثْ	Khâmes	خامِس
Sixth	سِكْثْ	Sâdes	سادِس
Seventh	سَفَنْثْ	Sâbe'	سابِع
Eighth	ايتْثْ	Tâmen	ثامِن
Ninth	نَينْثْ	Tâse'	تاسِع
Tenth	تَنْثْ	'âsher	عاشِر
Eleventh	اِلَفِنْثْ	Hhâdi 'ashar	حادِي عشر
Twentieth	تُوَنْتِيثْ	Al 'esh-roon	العِشْرون
A pair	پِيَر	Zôg, Gôz, *azwâg*,	زَوْج
Dozen	دَزَنْ	Dasta, *desat*	دَسْتَة
Half	هَافْ	Noss, *ansâs*	نِصْف . نصّ
Half a dozen	هَافْ اِدَزَنْ	Noss dasta	نصْف (نُصّ) دَسْتَة
One third	وَنْ ثيرْدْ	Tolt, *atlât*	ثُلْث
One fourth; Quarter	وَنْ فُرْثْ . كُوارْتَر	Rob', *arbâ'*	رُبْع
Fifth	فِفْثْ	Khoms, *akhmâs*	خُمْس

In Arabic there are three numbers, the singular, the dual (i.e. two) and the plural. The dual is formed by adding "ein" to the singular.

Once	وَنْس	Marra, *marrât*	مَرَّة
Twice	تْوَيْس	Marratên	مرّتان . مَرّتين
Thrice; Three times	ثْرَايْس	Talat marrât	ثَلاث مَرّات
Four times	فُورْ تايْمْز	Arbaʿ „	أربَع مرات
Ten „	تِن «	ʿashar „	عشر مرات
Eleven „	اِلِفْن «	Ehhdâshar marra	إحدى عَشر مرة
Twenty „	تْوَنْتِ «	ʿeshreen marra «	عِشْرين
A hundred times	اَهَنْدْرِدْ تايمز	Meet marra «	مِئَة
A thousand times	اَثاوْزَنْدْ «	Alf marra «	ألف
Single	سِنْجِل	Muf-rad	فَرْد . مفرد
Double	دَبْل	Meg-wez	مُضَاعَف . مجوز
Threefold	ثْرِفُلْدْ	Talat adʿâf	ثَلاثة أضْعاف
Fourfold	فُورْ فُلْدْ	Arbaʿ „	أرْبَعة أضْعاف
Number	نَمْبَر	ʿadad, *aʿdâd*	عَدَد
Odd number	أُدْ نَمبَرْ	„ far-di	عَدَد فرديّ
Even	اِيْفِن «	„ zôgi	عَدد زَوْجِيّ
Middle	مِدِل	Wist; Wastâni	وَسْط . وَسَطانيّ
Last	لَاصْت	Akhîr; Akhrâni	أَخِير . أَخْرانيّ
Fraction	فراكشَن	Kasr, *kossor*	كَسْر

Colours. الألوان

Colour	كَلَرْ	Lôn, *âlwân*	لَوْن
Light colour	لَيْتْ كَلَرْ	" fâtehh	» فاتِح
Deep "	» دِيْبْ	" ghâmeq	» غامِق
Dark "	» دَارْكْ	" mo'-tem	» مُعْتِم
Fading "	» فِيَدِنْجْ	" bâhet	» باهِت
Fast "	» فاسْتْ	" sâbet	» ثابِت
Dye, Paint	دَايْ . پِيَنْتْ	Sab-gha, *-ât*	صِبْغَة
White	هُوَايْتْ	Ab-yad, *beed*	أبْيَض
Black	بْلَاكْ	As-wad, *sood*	أسْوَد
Yellow	يَلُ	As-far, *sofr*	أصْفَر
Red	رِدْ	Ahh-mar, *hhomr*	أحْمَر
Pink, Rose; Rosy	رُوزْ	War-di	وَرْدِي
Green	جْرِيْنْ	Akh-dar	أخْضَر
Blue	بْلُوْ	Az-rak	أزْرَق
Gray; Grey	جْرِيَ	Româdi	رَمادِي
Brown	بْراوْنْ	As-mar	أسْمَر
Transparent	تْرَنْسْپِيرَنْتْ	Shaf-fâf	شَفّاف
Cream	كْرِيمْ	Samni, Kreima	سمني . كريمه

الملبوسات وأدوات الزينة

Wearing Apparel and Toilet.

Clothes	كْلُذِسْ	Hedoom; Tiyâb	ثِياب . هُدُوم
Dress, Garment	جَارْمِنْتْ	Tôb, hidma	تَوْب . هِدْمَة
Petticoat	پِتِكُوتْ	Gonella	جُونِلَّة
Robe	رُوبْ	Fostân, tôb	رِدَاء . فُسْتان
Shirt	شِيرْتْ	Qamees, *qomsân*	قَمِيص
Night dress	نَيْتْ دْرِس	Qamees en-nôm	قَمِيص النَّوْم
Collar	كُلَرْ	Yâqa, *-ât*	طَوْق . ياقَة
Sleeve	سْلِيفْ	Komm, *akmâm*	كُمّ
Cuffs	كَفْسْ	Akmâm-qomsân	أَكْمام قُمْصان
Pocket	بُكِتْ	Gêb, *geyoob*	جَيْب
Button	بَتْنْ	Zerr, *azrâr*	زِرّ
" hole	بَتْن هُولْ	ʿer-wa *ʿarâwi*	عُرْوَة
Suspenders; Braces	بْرِيسِزْ	Hham-mâla, *-ât*	حَمَّالَة
Corset	كُرْسِتْ	Boosto, *-ât*	مِشَدّ . بُوسْتُو
Trousers	تْرَاوْزَرْسْ	Bantalôn, *-ât*	بَنْطَلُون

Words like Pullover, Pyjamas, Tarboosh, etc. are understood in Arabic.

Shoe-lace	شُوْلَيس	Robât (-ât) gazma	رباط جزمة
Waistcoat	وِيسْتكُوت	Sedêri, -yât	صديري
Coat	كُوت	Set-ra, setar	سترة
Overcoat	اوُفَرْ كُوت	Bal-to, -wât	بالطو
Suit	سُوت	Bad-la, bedal	طقم . بَدْلة
Turban	تيرْبَن	'Em-ma, 'emam	عِمة . عِمامة
Hat	هَات	Burnêta, baraneet	برنيطة
Fez	فِز	Tarboosh, tarabeesh	طَرْبُوش
Boots	بُوتْس	Gazma, gezam	جَزْمَة (طويلة)
Shoes	شُوز	" makshûfa	» مَكْشوفَة
Slippers	سْلِيپَرْز	Bantofli, -yât	شِبْشِب . بَنْتفلي
Stockings, Socks	سْتَكِنْز	Shorâb, -ât	جُرَاب . شُرّاب
Hndkerchief	هَنْكَرْتْشِف	Man-deel, manâdeel	مِنْديل
Gloves	جلَفْز	Goan-ti, -yât	قُفّاز . جوانْتي
Shawl	شُول	Shâl, sheelân	شَال
Belt	بِلْت	Hezâm, -ât	حِزام . زِنّار
Ribbon	رِبن	Shereet, sharâyet	شَرِيط
Thread	ثْرِد	Fat-la, -ât, fe-tal	فَتْلَة
Scissors	سِزُرْز	Ma-qass, -ât	مقصّ
Drawers	دروْوَرز	Lebass, -ât	لباس . سروال
Muffler	مَفْلَر	Shal, Talfiha	شال . تلفيحة

Needle	نِيمْدِلْ	Eb-ra, *ebar*	إبرة
Pin	پِنْ	Dab-boos, *dababees*	دُبّوس
Thimble	ثِمْبُلْ	Kosteban, *Kasâtbeen*	كُسْتُبان
Lace	لِيَسْ	Dantel-la	دَنْتِلّة
Lining	لَيْنِنْجْ	Botâna	بطانَة
Calico	كَلِكُ	Baf-ta	خام . بَفْته
Printed calico	پْرِنْتِيدْ كَلِكُ	Sheet	شِيْت
Flannel	فْلَنِل	Fanel-la	فانِلّة
Wool	وُلْ	Soof	صُوف
Linen	لِنِنْ	Teel	كتّان . تِيل
Silk	سِلْكْ	Hhareer	حَرير
Velvet	ڤِلْڤِت	Qateefâ	قَطيفة
Cloth	كْلُثْ	Gookh; qomâsh	جُوْخ . قماش
Canvas	كَنْڤَسْ	Khêsh	خَيْش
Felt	فِلْتْ	Lebbâd	لبّاد
Leather	لِذَرْ	Geld, *gelood*	جِلد
Jewellery; jewelry	جُوْلَرِ	Mogaw-harât	حلى . مجوْهَرات
Watch	وُتْشْ	Sâʿa, *-ât*	سَاعَة
Hands	هَانْدْزْ	ʿaqâreb es-sâʿa	عَقارب السَاعة
To sew	تُسُيُو	Khây'yat	خيّط

Chain	تْشَيِنْ	Kateena, *katâyen*	سِلْسِلَة . كَتِيْنَة
Ring	رِنْج	Khâtem, *khawâtem*	خاتِم
Ear-ring	إِيرْرِنْج	Hhalaq, *hhelqân*	حَلَق
Bracelet	بْرِيسْلِتْ	Eswera, *asâwer*	اسْوَرَة
Toilet	تُيْلِتْ	Twalet	زينة . تواليت
Towel	تَاوِلْ	Bash-keer, Foota *bashâkeer, fo-wat*	بَشْكِيرْ
Brush	بْرَشْ	For-sha, *forash*	فُوْرْشَة
Comb	كُومْ	Mesht, *am-shât*	مُشْط
Soap	سُوبْ	Sâboon	صَابُون
Razor	رِيزُرْ	Moos, *amwâs*	مُوْس
Blade	بْلِيدْ	Selâhh, *aslihha*	سِلاح . شِفْرَة
Strop	سْتْرُبْ	Qâyesh, *qawâyesh*	قايِش
Sponge	سْپُنْج	Esfeng, sefenga. *–ât*	اسْفَنْجَة
Fan	فَانْ	Marwah-ha, *marâwehh*	مِرْوَحَة
Umbrella	أَمْبْرِلُلْ	Shamsi-ya, *shamâsi*	شَمْسِيَّة
Cane, Stick	كِيَنْ . سْتِكْ	ʻa-sa, ʻa-sàya, *ʻossy*	عصا
Pipe	پايپْ	Shobok, Bîba, *–ât*	شُبك . پِيْپَة
Purse	پِرْسْ	Kees, *akyâs*	كِيْس
Looking-glass. Mirror	لُكِنْ جْلَاسْ	Merâya, *–ât*	مِرْآة . مِرَايَة
Brooch	بْرُوش	Dabbous Sadr	دبوس صدر . برُوْش

أجزاء البيْت ومتعلقاته

Parts and Contents of the House

Building	بلْدِ نجْ	ʿemâra, *-àt*	بِناء . عِمارَة
Building materials	بِلْدِنْ مَتِيْرِيْل	Mawâd el-bona	مَوادّ البِنا
Stone	سْتُونْ	Hha-gar, *ahhgâr*	حَجَر
Bricks	بْرِكْسْ	Toob	طُوْب
Wood; Timber	وُدْ	Kha-shab, *akh-shàb*	خَشَب
Palace	پَلَس	Sarâya, *-ât*	قَصْر . سَراية
House	هَوْس	Bêt, *beyoot*	مَنْزِل . بَيْت
Cottage	كُتِدْجْ	Kookh, *akwâkh*	كُوْخ
Hovel; Hut	هَتْ	ʿesh-sha, *ʿesh-ash*	عُشَّة
Storey; Floor	سْتُورِ . فْلوُرْ	Dôr, (*adwâr*), tabaqa	دَوْر . طَبَقَة
Flat; Apartment	أَپارْتْمِنْتْ	Shaq-qa, *shoqaq*	شَقَّة
Corridor	كُرِدورْ	Dah-leez, *dahâleez*	دِهْلِيز
Room	رُوْمْ	ôda, *owad*	غُرْفَة . أوْدَة
Drawing-room	دْرووِنْجْ رُوْمْ	Sâla, *-ât*	صَالَة
Reception	رِسِپْشَنْ »	ôdet-esteqbâl	اوْدَة إسْتقبال
Bed-room	بِدْ رُوْمْ	ôdet-nôm	اوْدَة نَوْم
Dining room	دينِنِنْج رُوْمْ	Odet Akl	اوْدَة أكل
Geyser (bath heater)	جيـْزَر	Sakh'khan	سَخّان

Hall	هُول	Qaʿa, *-ât*	قاعَة
Pantry	پَنْتْرِ	Keelâr, Karar, *-at*	كِيْلار
Kitchen	كِتْشِن	Mat-bakh, *matâbekh*	مَطْبَخ
Water-closet, W.C.	وُوتَرْ كُلُزَت	Mostorâhh, *-ât*	مِرْحاض . مُسْتَراح
Bathroom	بَاثْ رُومْ	Hham-mâm, *-ât*	حَمّام
Garage	گَارَاجْ	Garage, *-ât*	كَارَاج
Stable	سْتَيْبِل	Establ, *-ât*	إِسْطَبل
Staircase	سْتِيَرْ كَيِس	Bêt es sellem	بَيْت السُّلَّم
Steps, stairs	سْتِپْس . سْتِيَرْز	Salâlem; Darag	سَلالِم . دَرَج
Ladder	لَدَرْ	Sellem naqqâli	سُلَّم نَقّالي
Wall	وُولْ	Hhâyet, Hhêta, *hhêtân*	حائط
Floor	فْلُورْ	Ard; Dôr	أَرْض . دور . طابِق
Pillar	پِلَرْ	ʿamood, *ʿawâmeed*	عَمود
Door	دُورْ	Bâb, *abwâb, bîbân*	بَاب
Window	وِنْدُو	Sheb-bâk, *shabâbeek*	شُبّاك
Shutter	شَتَرْ	Dar-fa, *doraf*	دَرْفَة
Balcony	بَلْكُنِ	Balkôna	تَرَسِينَة . بَلْكونة
Railing; Banister	رِيَلِنج	Darab-zeen, *-ât*	دَرَابزين

Are not inserted here words having the same pronunciation as in English, as Frigidaire, Television, Radio, Butagas &c and for this reason we did not use here the newly coined Arabic words.

Roof	رُوْفْ	Setooh, *astihha*	سَطْح . سطوح
Oven	اوُڤِنْ	Forn, *afrân*	فُرْن
Tap	تَاپْ	Hhanafiya, *-ât*	حَنَفِيَّة
Sink	سِنْكْ	Ballâʿa, *-ât*, *balâlîʿ*	بَلّاعَة
Pump	پَمْپْ	Toromba, *-ât*	طُلُمْبَة . طرمبة
Bolt	بُلْتْ	Terbâs, *târâbees*	تِرْباس
Latch	لَتْشْ	Soqqâta, *-ât*	سَقّاطة
Lock	لُكْ	Kaloon, *kawâleen*	قِفْل . كَيلون
Key	كِيْ	Meftâhh, *mafâteehh*	مِفْتاح
Furniture	فِيرْنِتْشَرْ	Farsh, mobilya, *mafrooshât*	مُوْبيليا . فَرش
Bed	بَدْ	Sereer, *sarâyer* Farsha, *-ât*	سَرير . فَرْشَة
Mattress	مَتْرَسْ	" "	طَرّاحة . فَرْشَة
Bedstead	بَدْسْتَدْ	Sereer, *sarâyer*	سَرير
Sheets	شِيْتْسْ	Melâya	شَرْشَف . مَلايَة
Quilt	كُوِلْتْ	Lahhâf, *-ât*	لِحاف
Blanket	بْلَنْكِتْ	Hherâm, *-ât*	حِرام
Mosquito-net	مُسْكِيْتُ نَتْ	Namoosiya, *-ât*	نامُوسِيَّة
Pillow	پِلُ	Makhadda, *-ât*	وِسادة . مَخَدَّة
Lift	لِيفْت	Masʿad, *massaʿed*	مصعد
Shower	شَوَرْ	Dosh	دُش

Sofa, Divan	سوفَ . دِيفَانْ	Diwân, *dawàwîn*	كَنَبة . دِيْوان
Curtains	كِيرْتِنزْ	Setâra, *stâyer*	ستارَة
Washstand	وَاشْ سْتَانْدْ	Lavo-mâno	مغْسَلة . لَڤمانو
Basin	بِيسِنْ	Tisht, *teshoot*	طشْت
Pitcher	پِتْشَرْ	Abreeq, *abâreeq*	جرّة . إبْريق
Cupboard; Wardrobe	كَبُرْدْ	Dolâb, *dawâlîb*	خزانة . دُوْلاب
Shelf	شِلْفْ	Raf, *refoof*	رَفّ
Drawer	درُووَرْ	Dorg, *adrâg*	دُرْج
Rack; Peg	رَاكْ . پِيجْ	Shammâʿa, *-ât*	شمّاعة
Box	بُكْسْ	Sandooq, *sanâdîq*	صُنْدوق
Safe	سِيفْ	Khazâna-hhadeed	خزانة حَديد
Piano, Piano-forte	پيانُو	Piâno, *pianât*	پيانو
Bag	بَاجْ	Shanta, *shonat*	شَنْطَة
Frame	فْرِيمْ	Berwâz, *barâwéez*	بِرْواز
Picture	پِكْتْشَرْ	Soora, *sowar*	صُوْرَة
Mat	مَاتْ	Hhaseera, *hhosr*	حَصِيرَة
Rug	رَجْ	Bosât, *àbse-ta*	بِسَاط
Carpet	كَارْپِتْ	Seggâda, *sagâgeed*	سجّادَة
Disc, Disk	ديسْك	Estewana, *-ât*	اسطوانة
Recorder	رِيكورْدَر	Aalet tasgueel	آلة تسجيل

Lamp	لَامْپْ	Lamba, *-ât*	مِصْبَاح . لَمْبَة
Lamp-shade	لَامْپْ شِيَد	Bornêtet (*baranît*) lamba	بُرْنَيطة لَمبة
Wick	وِكْ	Fateela, *fatâyel*	فَتِيلة
Lantern	لَنْتَيَرْنْ	Fânoos, *fawânes*	فانُوس
Candlestick	كَنْدَلْ سْتِكْ	Shamʿedân, *-ât*	شَمْعِدان
Clock, Time piece	كُلُكْ	Sâʿet (*sâʿât*) hhêt	سَاعَة حَيْط
Chair	تْشِيَرْ	Kor-si, *karâsi*	كُرْسِي
Table	تِيَبْلْ	Tarabêza, *-ât*	مائدة . تَرَابيزَة
Table-cloth	» كُلُثْ	Maf-rash, *mafâresh*	مَفْرَش سُفْرة
Knife	نَايْفْ	Sek-keen, *sakâkeen*	سِكِّين
Spoon	سْپُونْ	Maʿlaqa, *maʿâleq*	مِلْعقة . معْلقة
Fork	فُرْكْ	Shôka, *sho-wak*	شَوْكة
Plate	پْلِيَتْ	Sahhn, *sohhoon*	صَحْن
Dish	دِشْ	Sanf, *asnâf*	صَنف (أكل)
Glass; Tumbler	جْلَاسْ . تَمْبْلَرْ	Kobbâya, *-ât*	كُبَّايَة
Bottle	بُتْلْ	Ezâza, *azàyez*	قِزازة . زجاجة
Goglet	جُجْلِتْ	Olla, *olal*	قُلَّة
Napkin	نَپْكِنْ	Foota, *fowat*	فُوطَة
Salt-cellar	سُلْتْ سِلَرْ	Mallâhha, *-ât*	مَلَّاحَة
Ventilator	ڤَنْتِيلَيْتَرْ	Marwaha, *maraweh*	مروحة
Oil cloth	اويـل كلوث	Meshammaʿ	مشمع

Pepper-box	پِيپَرْ بُكْسْ	Hhoq el felfel	حُقّ الفلفل
Mustard pot	مَسْتَرْدْ پُتْ	„ mastarda	» المسْتَردة
Cork-screw	كُرْكْ سْكْرُوْ	Barreema, -ât	بَرِّيمة
Nutcrackers	نَتْ كْرَكَرْزْ	Kassâra, -ât	كَسّارَة الجوز
Cup	كَپْ	Fengân, *fanâgeen*	فِنْجان
Coffee-pot	كُفِ پُتْ	Abreeq el-qahʹwa	إبْريق القَهْوَة
Tea-pot	تِيْ پُتْ	Abreeq esh-shây	» الشَاي
Milk jug	مِلْكْ جَجْ	Abreeq el-laban	» اللبَن
Sugar basin	شُجَر بيسِن	Sukkariʹya, -ât	سُكَّرِية
Kettle	كِتْلْ	Ghallâya, -ât	غَلاَّيَة
Tray	تْرَى	Seniya, *sawâni*	صِنْيَّة
Cooking pot	كُكِنْج پُتْ	Hhal-la, *hhelal*	حَلَّة
Saucepan	سُوسْپان	Taw-wâya, -ât	طَوّايَة
Stove; Grate	ستُوفْ . جْرِيَت	Kânoon, *kawâneen*	كَانون . وجَاق
Frying-pan	فرايِنْج پانْ	Tawâya; Meqlâya	مقْلاية.طَوّاية
Chopper	تشُبَر	Sâtoor, *sawâteer*	سَاطور
Bucket; Pail	بَكِت . پِيل	Gar-dal, *garâdel*	دلْو . جَرْدَل
Funnel	فَنَلْ	Qomʿ, *aqmâʿ*	قُمْع
Mincer	مينسَر	Farrama	فرّامة
Sprayer	سپريَر	Rash'shasha	رشاشه

Mug	مَجْ	Kooz, *keezân*	كُوز
Rope	روپْ	Hhabl, *hhebàl*	حَبل
Grindstone	جرايِنْد ستُون	Misann, *-ât*	مِسَنّ
Grater	جريِتَرْ	Mabshara, *mabàsher*	مِبْشَرَة
Bellows	بِلوز	Menfâkh, *manâfeekh*	مِنْفاخ
Spit, Skewer	سْپِتْ . سكيُوَرْ	Seekh, *asyâkh*	سِيخ
Gridiron; Grill	جْرِلّ	Sheekâra, *shakàyer*	شِيكَارَة
Morter	مرتَرْ	Hôn, *ahwân*	هَاون . هون
Coffee-mill	كفِ مِلّ	Tahoonet-bonn	طاحُونَة بنّ
Weighing-machine	وِيِنج مَشِين	Meezân, *mawâzeen*	مِيزان
Basket	باسكِت	Salla, *silâl* Sabat, *-ât*	سَبَت . سَلّة
Broom	بْرُومْ	Meqash-sha, *-àt*	مقشّة
Tongs	تَنجزْ	Màshek, *mawàshek*	مِلقط .ماشك
Sieve	سِيفْ	Mankhol, *manâkhel.* Ghurbâl, *gharâbîl*	مِنْخل . غِرْبال
Ladle	لِيدِل	Meghrafa, *maghâref*	مغْرَفة
Strainer	سْتْرِيْنَر	Masfa, *massafi*	مصفاة
Rolling pin	رولِنج بين	Shobak	شوبك
Tureen	تَرِين	Soltani'yah, *salateen*	سلطانية

Tools. الأدَوات والعدَد

Hammer	هَمَرْ	Shâkoosh, *shawâkeesh* Metra-qa, *malâreq*	شَاكُوش مِطْرقة
Adze	أَدْزْ	addoom, *awâdeem*	قَادُوم
Axe	أَكْسْ	Fâs, *foos;* balta, *bulat*	بَلْطَة . فَاس
Saw	سُو	Minshâr, *manâsheer*	مِنْشار
Plane	پْلِين	Fâra, *-ât*	فَارَة
Pincers, Pinchers	پِنْسَرْزْ	Kam-mâsha, *-ât*	كَمَّاشَة
Pliers	پْلايَرْزْ	Zarradi-ya, *-ât*	زَرَّدِيَّة
Nippers	نِپَرْزْ	Osâg, *-ât*	قُصَاج
File	فايْل	Mab-rad, *mabâred*	مِبْرَد
Chisel	تْشِزِلْ	Azmeel, *azâmeel*	ازْمِيل
Gimlet	جِمْلِتْ	Mekhrâz, *makhâreez*	مِخْراز
Awl	آوْلْ	Barree ma, *barâreem*	بَرِّيمَة
Anvil	أَنْفِلْ	Sendâl, *sanâdeel*	سِنْدَال
Nail	نَيْلْ	Mismâr, *masâmeer*	مِسْمار
Screw	سْكْرُو	Alâwôz, *-ât*	بُرْغِي . قَلَاوُظ
Screw-nail	» نَيِلْ	Mosmâr-alawôz	مِسْمار قَلَاوُظ
Nut	نَطْ	Samoo-la, *sawâmeel*	صَمُولَة
Shovel	شوفِل	Megrafa	مجرفه
Spanner	سپنر	Moftah samoola	مفتاح صمولة

فى المدينة والبرّية وما يُشاهد فيها

Town, Country and objects met with therein.

Country	كَنْتْرِ	Khala, *khalawât*	خلاء . رِيْف
" ; Kingdom	»	Mamlaka, *mamâlek*	مَمْلَكَة
Capital	كَپِيتَل	ʿâsema, *ʿawâsem*	عاصِمَة
City	سِتِ	Madîna, *modon*	مَدِينَة
Town	تَاوْنْ	Ba-lad, *belâd*	مدينة . بَلَد
Village	ڤِلِدْج	Qar-ya, *qera*	قَرْيَة
Road	رُودْ	Tariq, *to-roq;* Sik-ka, *sikak*	سِكّة . طريق
Street	سْتْرِيْت	Shâreʿ, *shawâreʿ*	شَارِع
Railway, railroad	رِيلْ وِي	Sikka-hhadeed	سِكَّة حَديد
Aerodrome	أيرُدْرُوم	Matâr, *–ât*	مَطار
Harbour; Port	هَارْبُرْ	Mîna, *mawâni*	مِيْناء
Market	مَارْكِتْ	Sooq, *aswâq*	سُوْق
Museum	مِيُوْزِيَم	Antik-khâna	مَتْحَف . انتيكخانة
Bridge	بْرِدْج	Kob-ri, *kabâri*	كُوبْرِي
Custom-house	كَسْتُمْ هَاوْسْ	Gom-rok, *gamârek*	جُمْرُك
Bank	بَانْكْ	Bank, *benook*	مَصْرَف . بَنْك
Exposition	إكسْبوزيْشَن	Maarad, *ma'aared*	معرض
Circus	سيرْكس	Serk	سيرك

Post office	پوسْت أُفِسْ	Mak-tab el bareed	مَكْتَب البَرِيد
Telegraph office	تِلِغْرَفْ أُفِسْ	Mak-tab el teleghrâph	مَكْتَب التلغراف
Hospital	هُسْپِتَل	Esbetâlýa, *-ât*	مُسْتَشفى اسبتالية
Pharmacy, Drug-store	فارْمَسِ	Agzâkhâna, *-ât*	صيدلية. اجزاخانة
Madhouse, Lunatic asylum	مادْ هاوْس	Morestân, *-ât*	مرسْتان
Hotel	هُتِل	Lokan-da, *-ât*	لوكَنْدة
Restaurant	رِسْتَرَنْت	Lokandet akl	» أكل
Coffee-house	كُفِ هاوْس	Qah-wa, *qahâwi*	مَقْهى. قَهْوة
Tavern, Public-house	تَڤِرْن	Khammâra, *-ât*	خَمارة
Shop; Store	شُپْ. ستُور	Dokkân, *dakâkîn*	دكّان
Manufactory	مَنيفَكْتِر	Fawrîqa, fabrîqa, *fabârek* Masnaʿ, *masâneʿ*	فاوريقه
Mill	مِل	Tâhhoona, *tawahheen*	طاحُونَة
Windmill	وِنْدْمِل	Tâhhoonet hawa	» هَواء
Barracks	باراكْس	Osh-lâq, *-ât*	قشْلاق
Police-station	پوليْس ستَيْشَن	Markaz bôlîs	مرْكز البوليس
Court	كُورْت	Mah-kama, *mahâkem*	مَحْكَمَة
Prison	پرِزْن	Siggn, *sigoon*	سِجْن
Abattoir; Slaughter-house	أَبَتْوار	Salakhâna, *-ât*	سَلَخانَة

The words : Bar, Cabaret, Cabin, Casino, Opera, Telephone, are understood in Arabic.

Graveyard, Cemetery	سِمِتِرِ	Maqbara, *maqàber*	مَقْبَرة
Grave	جْرِيَفْ	Lahhd, *lohood*	لَحد
Tomb	تُوْم	Qabr, *qoboor*	قَبْر
Monument	مُنْيُوْمَنْتْ	Nosb, *ansâb*	نُصْب
Minaret	مِنَرَتْ	Mâd-na, *mawâden*	مأْذنَة
Chimney	تْشِمْنِ	Mad-khana, *madàkhen*	مدْخَنَة
Fountain	فَاوْنْتِن	Fasqiya, *-ât*, *fasâqi*	فَسْقِيّة
Race-course	رِيَسْ كُورْس	Midân es-sebâq	مِيدَان السِباق
Swimming bath	سْوِمِنْ باثْ	Hammâm (*-ât*) ʿôm	حَمّام عَوْم
Tennis-court	تِنِسْ كُورْتْ	Malʿab tenis	ملْعَب تِنِيس
Station	سْتِيشَنْ	Mahhatta, *-ât*	مَحَطّة
Theatre	ثِيَتَرْ	Tiatro, *tiatrât*	دَارُ التمثيل . تِياتْرو
Music-hall	مْيُزِكْ هُوُلْ	Sâlet ghona	صَالة غُناء
Cinema house	سِنِمَ هَاوْس	Dâr es-sinema	دَارُ السِينما
Footway	فُتْ وِيَ	Torotwâr, *-ât*	مَمْشَى . تُرُتْوار
Field	فِيْلْد	Ghêt, *ghêtàn*	حَقْل . غيط
Garden	جَارْدِنْ	Genêna, *ganâyen*	جنَيْنَه
Zoo	زُوْ	Genênet el haiwanât	جنينة الحيَوانات
Museum	ميوزيَم	Mat'haf, *matahef*	متحف
Football	فُوْتْ بَول	Korrat kadam	كُرَة قدَم

Animals and Birds. الحيوانات والطيور

Animal	أَنِمَلْ	Hhay-wân, *-ât*	حَيَوان
Domestic animal	دُمِسْتِكْ	" bêti	حَيَوان بَيْتِيّ
Tame	تِيَم	Alîf, *olafa*	أَلِيف
Savage	سَڤِدْج	Motawah-hish, *-în, -a*	مُتَوَحِّش
Horse	هوُرْس	Hhesân, *khêl*	حِصان
To neigh	تُ نِيَ	Yas-hel	يَصْهَل
Mare	مِيَر	Fa-ras, *afrâs*	فَرَس
Colt; Pony	كُلْت . پُونِ	Mohr	مُهْر
Donkey	دُنْكِ	Hhomâr, *hemîr*	حِمار
To bray	تُ بْرِيَ	Yen-haq	يَنْهَق
Mule	مِيُولْ	Baghl, *beghâl*	بَغْل
Bull; Ox	بُلّ . أُكْسْ	Tôr, *teerân*	ثَوْر
Cow	كَاوْ	Baqara, *baqar*	بَقَرَة
Calf	كَافْ	ʻegl, *ʻegool*	عِجْل
Buffalo	بَفَلُو	Gamoosa, *-ât*	جَاموسَة
Camel	كَمَلْ	Gamal, *gemâl*	جَمَل
Breeding	بِرِيدِينج	Tərbiyat hâywanat	تربية حيوانات

Hump	هَمْپْ	Senâm, *asnima*	سِنَام
Dromedary	درُمِـدَر	Hageen, *higgn*	هَجِين
Lamb	لَامْ	Kharoof, *kherfân*	خَرُوف
Sheep	شِيْپْ	Gha-nam	غَنَم
Ram	رَامْ	Kabsh, *kebàsh*	كَبْش
Ewe	يُوْ	Na'ga, *ne'âg*	نَعْجَة
Goat	جُوتْ	Me'-za, *me'eez*	مَعْزَة
Kid	كِد	Gedy, *gedyàn*	جَدْي
Flock	فُلُكْ	Qatee', *qot'àn*	قَطِيع
Cattle	كَتْل	Mawâshi	مَوَاشِي
Fleece	فَلِيْس	Gizza	جِزَّة
Pen	پِـن	Zerîba, *zarâyeb*	زَرِيبَة
Dog	دُج	Kalb, *kelàb*	كَلْب
Bitch	بِتْش	Kalba, *-àt*	كَلْبَة
Pup	پَپْ	Garw, *geràw, agriya*	جَرو
To bark	تُ بَارْكْ	Yen-bahh	يَنْبَح
Cat; Pussy	كَاتْ	Qet-ta, *qetat*	قِطَة
To mew	تُ مِيُوْ	Temaw-wi	مَاءَت . تمَوِّي
To scratch	تُ سكراتش	Kharbesh	خَرْبَش
To bite	تُ بَيْت	'Adda	عَضَّ

Pig; Hog	پِگْ	Khan-zîr, *khanazeer*	خِنزِير
Boar	بُورْ	Hhal-loof, *hhalaleef*	حلّوف
Horn	هُورْنْ	Arn, Qarn, *oroon*	قَرْن
Mane	مِيَن	Ma'rafa	عُرْف . مَعْرَفَه
Tail	تِيـَل	Dêl, *deyool*	ذَيْل
Hoof	هُوْفْ	Hhâfer, *hhawâfer*	حَافِر
Wild beasts	وَيْلْدْ بِيسْتْسْ	Hhaiwânät motwah-hesha	حَيوانات متوَحّشَة
Lion	لَايُن	Sabb', *sebâ'*	أَسَدْ . سَبع
Lioness	لَايُنَس	Lab-wa, *-àt*	لَبُوَة
To roar	تُ رُوْرْ	Yaz-ar	يَزْأَر
Elephant	اِلِفَنْتْ	Fîl, *afyàl*	فِيل
Leopard	لِپَرْد	Fahd, *fehood*	فَهْد
Tiger	تَايْجَرْ	Nemr, *nemoor*	نِمْر
Tigress	تَيْجْرَس	Nemra	نِمْرَة
Hyena	هَيِنَ	Dabb', *debâ'*	ضَبْع
Bear	بِيْر	Dobb, *debâb*	دُبّ
Wolf	وُولْف	Dîb, *diyâb*	ذِئب . دِيب
Fox	فُكْسْ	Ta'lab, *ta'âleb*	ثَعْلَب
Weasel	وِيْسِل	'Ersa	عرسة
Hippopotamus	هِيپوپوتاموس	Sayed keshta	سيد قشطه

Jackal	جَكَلْ	Ibn-âwa	اِبْن آوى . وَاوِي
Ape	اِيپْ	Erd, Qerd, *qerood*	قِرد
Monkey	مَنْكِ	Nisnâs, *nasânees*	نسْنَاس
Stag	سْتَاجْ	Waʿl, *weʿool*	وَعْل
Deer	دِيرْ	Ghazâl, *ghozlân*	غَزال
Crocodile	كْرُكُدَايْلْ	Timsâhh, *tamâseeh*	تِمْساح
Porcupine	بُرْكْيُوْپَيْنْ	Onfed, Qon-fod, *qanâfed*	قُنْفُذ
Weasel	وِيْزِلْ	ʿer-sa, *ʿeras*	عِرْسَة
Hare, Rabbit	هَيرْ . رَبِتْ	Arnab, *arâneb*	أَرْنَب
Rat	رَاتْ	Fâr ghêt, *firân*	فأر غَيْط
Mouse	مَاوْسْ	Fâr bêt, „	« بَيْت
Paw	پَاوْ	Mekhlâb, *makhâleb*	مِخلاب
Tusk	طَسْكْ	Nâb, *angâb*	نَاب الفِيْل وأمثاله
Trunk	طْرنْكْ	Zalloo-ma, *–ât*	زَلّومَة الفيلِ
Bird	بِيَرْدْ	Têr, *teyoor*	طَيْر
Cock	كُكْ	Deek, *deyook*	دِيْك
To crow	تُ كْرُوْ	Yasseehh	يصِيْح
Hen	هِنْ	Far-kha, *ferâkh*	دَجاجة . فَرْخَة
Fish	فِيْش	Samak	سَمَك
Whale	وِيْل	Hoot	حوت
Shark	شَرْك	Ersh	إرش . قرش

Chicken	تْشِكِنْ	Kat-koot, *katâkeet*	كتكوت
Pigeon, Dove	پِجُنْ	Hhamâma, *-ât*	حَمَامَة
Turtledove	تَرْتِل دَفْ	Emri, *-ât*	يَمَام . قِمْري
Duck	دَكْ	Bat-ta, *-ât*	بَطَّة
Goose	جُوسْ	Wezza, *-ât*	وَزَّة . أوِزَّه
Geese	جِيسْ	Wezz	أوزّات . وَزّ
Swan	سْوُانْ	Bagaʿa, *-ât*	بَجَعَة
Peacock	پِكُكْ	Tâwoos, tawâwîs	طاؤوس
Quail	كْوِيَل	Semmâna, *-ât*	سِمّانَة
Parrot	پَرُتْ	Babaghân, *-ât*	بَبغَان
Nightingale	نَيْتِنْجِيل	Bolbol, *balâbel*	كَروان . بُلْبُل
Canary bird	كَنَرِ بيَرْدْ	ʿasfoor (ʿ*as-sâfîr*) kanâria	عُصْفور كَنارِيَة
Sparrow	سْپَرُ	ʿasfoor doori	» دُوْرِيّ
Lark	لَارْكْ	Qonbora, *-ât*, *qanâber*	قُنْبرة
Hoopoo	هُوْپُو	Hud-hud, *hadâhed*	هُدْهُد
Bat	بَاتْ	Wetwât, *watâweet*	وَطْوَاط
Birds of prey	بَيرْدْسْ اُفْ پرِي	Teyoor gârihha	طيور جارِحَة
Eagle; Vulture.	إيجِل . ڤَلْتشر	Nisr, *nisoor*	عِقاب . نسر
Oyster	اويستر	Gandofli	جندفلي
Shrimp	شريمپ	Gambary	جمبري
Lobster	لُبستَرْ	Langust; Karkand	كركند . لانجوست

Owl	آوْلْ	Boo-ma, *-ât*, *boom*	بُومَة
Raven, Crow	رِيَفِنْ . كرُو	Ghorâb, *gherbàn*	غُراب
Ostrich	اُسْتْرِتْشْ	Naʿâma, *-ât*, *naʿàm*	نَعامة
Hawk	هوُكْ	Saqr, *seqoor*	صَقْر
Wing	وِنجْ	Genâhh, *agnihha*	جَناح
Bill	بِلْ	Menqâr, *manàqeer*	مِنْقار
Claw	كْلُو	Mekhlâb, *makhâleb*	مِخْلاب
Feather	فِذَرْ	Risha, *-ât*, *reesh*	رِيْشَة
Crest	كْرَسْتْ	Shoo-sha, *shawàshi*	شُوْشه . عُرْف
Nest	نِسْتْ	ʿesh, *aʿshâsh*	عُشّ
Cage	كيِدْجْ	Afas, Qafas, *aqfàs*	قَفَص

Insects and Reptiles. الهوامّ والدبابات

Bee	بِيْ	Nahh-la, *nahhl*	نَحْلة
Hive	هَايْفْ	Khaliy-ya, *khalàya*	خَلِيّة
Wasp	وَسْپْ	Dab-boor, *dabâbeer*	دَبّور
Worm	وِيَرْمْ	Doo-da, *dood*	دُوْدَة
Silk-worm	سِلْك وِيَرْمْ	Doodet-hharîr	» حَرير
Leech	لِيْتْشْ	Doodet ʿalaq	» عَلَق
Caterpillar	كاتِرپيلار	Yosrooʿ	يسروع

Butterfly	بَتَرْفلاَيْ	Farâsha, *farâsh*	فَرَاشَة
Ant	آنْتْ	Nam-lâ, *naml*	نَمْلَة
Fly	فْلاَيْ	Debbâna, *debbân*	دبَّانَة
Mosquito	مُسْكِيتُو	Namoosa, *nâmoos*	نامُوسَة
Beetle	بِيتِلْ	Khonfosa, *khanâfes*	خُنْفُسَا
Cricket	كْرِكَتْ	Sirsâr, *sarâseer*	صِرْصَار
Locust	لُكَسْتْ	Garâda, *garâd*	جَراد
Bed bug	بَجْ	Baq-qa, *baqq*	بَقَّة
Louse	لاَوْسْ	Qam-la, *qaml*	قَمْلَة
Lice	لاَيْسْ	Qaml	قَمْل
Flee	فْلِي	Bar-ghoot, *barâgheet*	بُرْغُوث
Tick	تِكْ	Qorâda, *qorâd*	قُرَادَة
Spider	سْپَيْدَرْ	‘ankaboot, ‘*anâkeb*	عَنْكَبُوت
Scorpion	سْكُرْپِيَنْ	‘aqrab, ‘*aqâreb*	عَقْرَب
Serpent	سَرْپَنْتْ	To‘bân, *ta‘abeen*	ثُعْبَان
Snake	سْنَيْكْ	Hhai-ya, *-ât*	حَيَّة
Wall gecko	وُلْ جِكُّو	Bors, *abrâs*	بُرْص
Cobweb	كُبْوِب	Nasseeg ‘ankaboot	نسيج عنكبوت
Centiped	سَنْتِيپِد	Om arba‘a wa arbein	ام اربعة واربعين

Professions and Handicrafts. الصنائع والحِرَف

Physician, Doctor	فِزِشَنْ	Hhakeem, *hhokama*	طَبيب . حَكيم
Surgeon	سِرْجَنْ	Garrâhh, *-în*	جَرّاح
Dentist	دِنْتِسْتْ	Hhakeem-asnàn	حَكيم أَسْنان
Oculist	أُكْيُلِسْتْ	" 'eyoon	« عُيون
Chemist, Druggist	كِمِسْتْ	Agzagi, *-ya*	كِيماوِي . أَجْزاجِي
Midwife	مِدْوَايفْ	Dàya, *-ât*	قابِلة . دايَة
Engineer	اِنْجِنِيرْ	Mohandes, *-în*	مُهَنْدِس
Architect	ارْشِتِكْتْ	Mohandis me'mâri	مَهَنْدِس مِعْمارِي
Mechanic	مِكَنِكْ	Micaniki, *-yeen*	مِكانيكي
Lawyer, Solicitor	لُويَرْ	Mohhâmi, *-în*	اَبُوكَاتُو . مُحامٍ
Judge	جَدْج	Qâdi, *qodât*	قاضٍ
Merchant	مِرْتْشَنْتْ	Tâger, *togâr*	تاجِر
Journalist	جِرْنَلِسْتْ	Sâhheb garida, *as-hhâb garâyed*	صاحِب جريدة
Editor	اِدِتُرْ	Mohhar-rer, *-în*	محرر جريدة
Publisher	پَبْلِشَرْ	Nâsher, *nâshereen*	ناشِر
Author	أُوثَرْ	Mo-allef, *-een*	مؤلف
Typist	تايْپِيسْتْ	Kateb Makena	كاتب على الماكنة
Stenographer	ستنوجرافر	Kateb Ekhtezal	كاتب اختزال

Poet	پُويِتْ	Shâʿer, *shoʿara*	شَاعِر
Bookseller	بُكْسِلَرْ	Kot-bi, *—ya*	كُتْبِي
Bookbinder	بُكْبَيْنْدَرْ	Mogalled koʹtob	مُجَلِّد كُتُب
Printer	پرِنْتَرْ	Sàhheb mat-baʿa *as-hâb matâbeʿ* }	صاحِب مَطْبَعَة
Photographer	فُتُجْرَفَرْ	Mesaw-warâti, *—ya*	مصَوّراتي
Draughtsman	دْرَفْتْسْمَنْ	Rassâm, *—în*	رَسّام
Dragoman, Interpreter	دْرَجُمَنْ	Torgomân, *tarâgʹma*	تُرْجُمان
Translator	تْرَنْسْلَيْتَرْ	Motar-gem, *—în* معرّب	مترجِم .
Clerk	كْلَارْكْ	Kâteb, *kottâb*	كاتب
Accountant	أَكَّوْنْتَنْتْ	Mohhâseb, *—în*	مُحاسِب
Storekeeper	سْتُورْكِيپَرْ	Makhzangi, *—ya*	مَخْزَنْجِي
Singer	سِنْجَرْ	Moghan-ni, *—în*	مغَنّ
Actor	أَكْتُرْ	Momas-sil, *—în*	ممثّل
Actress	أَكْتْرَسْ	Momasʹsila, *—ât*	ممثّلة
Dancing girl	دَانْسِنْج جِيرْلْ	Raqqâsa, *—àt*	رقّاصة
Money changer	مَنِ تْشَيْنْجَرْ	Sarrâf, *—în*	صَرّاف
Goldsmith	جُلْدْسْمِثْ	Sâ-yegh, *soy-yâgh*	صَائِغ
Jeweller	جُولَرْ	Gawâher-gi, *-ya*	جَواهِرْجي
Merchant	مِرشَنت	Tager	تاجر
Priest	پريست	Kassis	قسيس

Watchmaker	وَتْشْمِيكَرْ	Sâʿâtī, *-ya*	ساعاتي
Blacksmith	بْلاكْسْمِثْ	Hhad-dâd, *-een*	حدّاد
Coppersmith	كُپَرْسْمِثْ	Nah-hâs, *-een*	نحّاس
Plumber, Tinsmith	بْلَمَرْ	Samkari, *-ya*	سَمْكَرِي
Carpenter	كَرْپِنْتَرْ	Naggâr, *-een*	نجّار
Joiner	جُيْنَرْ	„ deq-qi	نجّار دقّي
Turner	تِيرْنَرْ	Kharrât, *-een*	خرّاط
Cutler	كَتْلَرْ	Sakakeeni	سَكاكيني
Upholsterer	أُپْهُلْسْتِرَرْ	Menaǵged, *-een*	منجّد
Shoe-maker	شُوْمِيكَرْ	Gazmagi, *-ya*	جزمجِي
Saddler	سَدْلَرْ	Soroogi, „	سُروجِي
Tailor	تِيلُرْ	Khay-yàt, *-een*	خيّاط
Dressmaker	دْرِس ميكَرْ	Khay-yâta, *-ât*	خيّاطة
Laundress	لُونْدْرِسّ	Ghas-sâla, „	غسّالة
Ironer	أَيْرُنَرْ	Makwagi, *-ya*	مكْوَجي
Dyer	دايَرْ	Sabbâgh, *-een*	صبّاغ
Shoe-black	شُوْبلاكْ	Bóyagi, *-ya*	بُويَجِي
Barber	بارْبَرْ	Hhallâq, *-een*	حلاّق
Darner	دارْنَر	Raffa	رفاء
To darn	تُ دارْن	Rafa (*erfi*)	رفأ

Hair-dresser	هَيَرْدِرَسَّرْ	Mezayyen, „	مزيّن
Baker	بيَكَرْ	Khabbàz, „	خبّاز
Butcher	بُتْشَرْ	Gazzàr, —*een*	جزّار
Grocer	جْرُوسَرْ	Baqqâl „	بقّال
Confectioner	كَنْفِكْشَنَرْ	Hhalawâni, —*ya*	حَلَواني
Coffee-shop-keeper	كُفِشُپْ كِيپَرْ	Qahwagi,	قَهْوَجي
Servant	سَرْڤَنْتْ	Khaddâm, —*een*	صانِع . خَدّام
Maidservant	مِيَدْ سَرْڤَنْتْ	Khaddâma, —*ât*	صانِعَة . خادِمَة
Governess	جَڤَرْنِس	Murabiya, „	مربية
Cook	كُكْ	Tabbàkh, —*een*	عَشّي . طبّاخ
Waiter	وِيتَرْ	Sufragi, —*ya*	سُفْرَجي
Labourer	لِيبَرَرْ	ʿâmel, ʿ*ommâl*	عامِل
Scullion	سْكَلْيَنْ	Marmatôn	مرْمطون
Veterinary surgeon	ڤِتَرِنَرِ سَرْجَنْ	Bêtari, —*ya*, —*în*	بيْطَري.طبيب حَيوانات
Farrier	فَرْيَرْ	Bêtàr, —*iyeen*	بيْطار
Coachman	كُوتْشْمَنْ	ʿarbagi, —*ya*	عَرْبَجي (مِلك)
Cabman	كَبْمَنْ	ʿarbagi ogra	عربجي أُجْرة
Carter	كَارْتَرْ	„ karro	„ كارّو
Greengrocer	جرين جُرُوسَر	Khodary, -ya	خضرى
Pedlar	پيدلر	Sarrih, -â	سريح

Driver; Chauffeur	دْرَيْفَر	Saw-wâq	سَوَّاق
Conductor	كُنْدَكْتُرْ	Komsâri, *—ya*	كُمْسَاري
Groom	جْرُوْمْ .	Sâyes, *suyyâs,*	سَايِس
Donkey-boy	دُنْكِ بُوِيْ	Hammâr, *—een, —a*	حَمَّار
Mason	مِيَسُنْ	Bannu, *—yeen*	بَنَّاء
Porter	پُرْتَرْ	Shay-yâl, *—een*	شَيَّال
Shepherd	شِپَرْدْ	Râ'i, *ro'â*	راعِ
Farmer	فارْمَرْ	Fal-lâh, *—în*	مُزَارِع . فَلَّاح
Gardener	جارْدْنَرْ	Ganayni, *—ya*	بُسْتَاني . جَنايني
Hunter	هَنْتَرْ	Say-yâd, *—een*	صَيَّاد
Fisherman	فِشَرْمَنْ	Sam-mâk, *—een*	سَمَّاك
Door-keeper	دُورْكِيپَرْ	Baw-wâb, *—een*	بَوَّاب
Beggar	بِجَرْ	Shahhât, *—een*	شَحَّاذ . شَحَّات
Scavenger	سْكَفِنْجَرْ	Zabbâl, *—een*	زَبَّال
Guard, Watchman	حَارْدْ	Ghafeer, *ghofara*	غَفير
Thief	ثِيفْ	Hharâmi, *—ya*	لِصّ . حَرامي
Pick-pocket	پِكْ پُكِتْ	Nash-shâl, *—een*	نَشَّال
Bully	بُلِيْ	Baltagui	بلطجى
Moneylender	مَنِيْ لِنْدَر	Morabi	مراب
To borrow	تُ بورو	Estalafa	استلفَ

Virtues and Vices. الفضائل والرذائل

Activity, Energy, liveliness	أَكْتِفِتِ	Nashât	نَشاط . هِمَّة
Active; Energetic	أَكْتِفْ	Nasheet, *noshata*	مُجْتَهِد . نَشِيْط
Skill; Cleverness	سْكِلْ	Shatâra	شَطارَة . مَهارَة
Skilful; Clever	سْكِلْفُلْ	Shâter, *shottâr*	ماهِر . شاطِر
Hard-worker	هارْدْ وِيرْكَرْ	Shagh-gheel, *—a*	شَغّيل
Affection	أَفِكْشَنْ	Wadâd	حُبّ . وَداد
Affectionate	أَفِكْشَنِتْ	Wadood, *—een*	وَدُوْد
Friend	فِرَنْدْ	Sâ-hheb, *as–hhâb*	صَديق . صَاحِب
Friendship	فِرَنْدْ شِپْ	Sohh́ba	صَداقة . صُحْبَة
Acquaintance	أَكْوِيَنْتَنْسْ	Maʿréfa, *maʿâref*	مَعْرِفَة
Enmity; hostility; hatred	اِنْمِتِ	ʿadâwa	كُرْه . عَداوة
Enemy; Foe	اِنِمِ	ʿado, *aʿdâ*	عَدُوّ
Love	لَفْ	Mahhab-ba	مَحَبة . حُبّ
Generosity	جِنَرُزِتِ	Karam	كَرَم
Generous	جِنَرَسْ	Kareem, *ko-rama*	كَرِيم
Miser; Stingy	مَيْزَرْ	Ba-kheel, *bókhala*	بَخِيل
To hate	تُ هَتْ	Kereh *(ekrah)*	كَرِهَ
To love	تُ لَفّ	Habb *(hebb)*	حَبَّ

(7) هدية

Avarice; stinginess.	أَفَرِس	Tamaʿ	بُخْل . طَمَع
Avaricious	أَفَرِشَس	Tam-mâʿ, *-în*	بَخِيل . طمّاع
Greedy	جْرِيدِ	" "	طمّاع . شَرِه
Audacity	اُدَسِت	Waqâhha	وَقَاحَة
Audacious	اُدِيشَس	Waqehh, *-în*	وَقِح
Affliction	أَفْلِكْشَن	Hhozn	كَرْب . حُزْن
Afflicted	أَفْلِكْتِد	Hhazeen, *hazânâ*	مَكْروب . حَزِين
Sorry	سُرِ	Mota-assef, *-în*	آسِف . مُتأسّف
Angry	أَنْجْرِ	Zaʿlân, *-în*	غضْبان . زَعلان
Glad	جْلَادْ	Masroor, *-în* Far-hân, *-în*	فَرحان . مَسْرور
Happy	هَپِ	Saʿeed, *soʿada*	سَعِيد

When a noun is qualified by an adjective, if the noun has the article, the Arabic adjective must also have the article, as : The good man, *Er * râgel et * tayyib*. This is also the case when the noun has a pronominal suffix, as; *Kitâboh el eswed*, his black book ; or is in construction with another noun, as : *Hosân er râgel el ahhmar*, the man's red horse,

Adjectives come after the nouns they qualify, and follow them in number and gender. Feminine adjectives, are formed by affixing (-a *or* -ah) to masculine adjectives, as *Bint tayyiba*, A good girl.

(*) In speaking, the letter *l* (in the article *El*,) is assimilated before words beginning with :

ت t, د d, ر r, ز z, س s, ش sh, ن n,

Miserable	مِزَرَبُلْ	Taʿees, *toʿasa*	تَعِيس
Coward	كَوَرْدْ	Gabàn, *gobana*	جَبان
Cowardice	كَوَرْدِسْ	Gobn	جُبْن
Jealous	چِلُسْ	Ghay-yoor, *—een*	غَيور
Jealousy	چِلُسِ	Gheera	حَماس . غيرة
Polite	پُلَايْتْ	Mo-addab, *—een*	مُؤَدب
Impolite; Rude	إِمْپُلَايْتْ	Qaleel (*qolàl*) el-adab	فظ. قليل الأَدَب
Shameless	شَيْمْلَس	Qaleel-el-hhaýa	فاجِر. قَلِيل الحياء
Novice	نُفِسْ	Ghasheem, *Ghoshm, Ghoshama*	غَشيم
Glutton	جْلَتُنْ	Fagʿàn, *—een*	أكُول . فَجعان
Dishonest	دِسْ اُنِسْتْ	Khàyen, *—een*	غَشَّاش . خَائِن
Honest	اُنِسْتْ	Ameen, *omana*	أَمين
Confidence	كُنْفِدِنْسْ	Thiqa	ثِقَة
Confident	كُنْفِدِنْتْ	Wàsiq, *—een*	وَاثِق

الصِفَةُ تَسبق المَوْصُوف في اللغةِ الانكليزية مثل (*A good man* رَجُل طيِّب) ، ولا تُجمَع مثل (*Good men* رجال طيبون) ، ولا تؤنث مثل (A *good* girl بنت طيبة) ، والإسم الذي يتبعها لا تدخل عليه آل التعْريف كالعربية ، مثل (The *good boy* الولد الطيب) .

Goodness	جُدْنِس	Teeba	صَلاح . طِيْبَة
Good	جُدْ	Tay-yib, *-în*	حَسَن. صَالِح. طَيِّب
Better	بِتَرْ	Ahh-san	أحْسَن
Best	بَسْتْ	El-ahh-san	الأَحْسَن
Bad	بَادْ	Radi, *ardiya*	طَالِح . رَدِيء
Worse	وِيَرْسْ	Ar-da	أرْدأ
Worst	وِيَرْسْتْ	El-arda	الأرْدأ
Fear	فِيرْ	Khôf	خَوْف
Fearful	فِيرْفُلْ	Mokheef	مُخِيف
Afraid	أفْرِيَد	Khâyef, *-een*	خائف
Kind	كَايْنْدْ	Shafooq, *-een*	شَفُوق
Kindness	كَايْنْدْنِسْ	Shafaqa	شَفَقَة
Cruel	كرُوْلْ	Qâsi, *qusâh*	قَاسٍ
Cruelty	كرُوْلْتِ	Qasâwa	قَسَاوَة . قَسْوَة
Hot-tempered	هُتْ تِمْپَرْدْ	Kholaqi, *-ya*	حَادّ الطَبْع . خُلَقِي
Braggart; Boaster	بْرَجَرْتْ	Fash-shâr, *-een*	فَشَّار
Lie	لاَيْ	Kizb	كِذْب
Liar	لايَرْ	Kazzâb, *-een*	كَذَّاب
To fear	تُ فِير	Khaaf	خافَ
To lie	تُ لاي	Kezeb (*ekzeb*)	كَذَبَ

Backbiter	بَكْبَيْتَر	Nammâm, *-een*	مُغْتاب . نَمّام
Hypocrite	هِپُكْرِتْ	Monâfeq, *-een*	مُراءٍ . مُنافِق
Insolent	إِنْسُلَنْتْ	Sa-feeh, *so-faha*	وَقِح . سَفِيه
Affable	أَفُبُلْ	Anees, *onasa*	أَنِيس
Gloomy; Stern	جْلُوم	‘aboos, *-een*	عَبُوس . مكَشَّر
Stupid; Dull	سْتُپِيدْ	Baleed, *bolada*	بَليد . غَبي
Thoughtless	ثُوتْلِس	Tâyesh, *-een*	طائِش . أرْعَن
Obedience	ابِيدْيَنْسْ	Tâ‘a	طَاعَة
Obedient	ابِيدْيَنْتْ	Tâye‘, *-een*	طَائِع
Disobedient	دِسُبِيدْيَنْتْ	‘âsi, *-een*, *‘osâ*	عَاصٍ
Obstinate	ابْسْتِنِيَتْ	‘aneed, *-een*, *‘onada*	عَنِيْد
Diligent	دِلِجَنْتْ	Mog-tahid, *-een*	مُجْتَهِد
Lazy, Idle	لِيزِ	Kaslân, *-een*	كَسْلان
Slow	سْلُو	Batî, *-een*	بَطِيء
Quick	كْوِكْ	Saree‘, *-een*	سَرِيع
Hope	هُوپْ	‘asham	أمل . عشم
Hopeless	هُوپْلِس	Yâ-es, *-een*	يائس
Despair; Hopelessness	دِسْپِير	Yâs, (yaks)	يأس
Crazy	كرازي	Malhoos, *malahees*	ملحوس
Meddler	مِدْلَرْ	Heshari, *-ya*	حِشَري

Pride	پْرَائِدْ	Takab-bor	كبرياء . تكبر
Proud; Haughty	پْرَاوْدْ	Motakab-bir, *-een*	متكبر
Humility	هْيُمِلِتِ	Tawâdo'	تواضع
Humble; Modest	هَمْبْل	Motawâde', *-een*	متواضع
Care	كِيرْه	Ehhterâs	حذر . احتراس
Careful	كِيرَفُلْ	Hharees, *-een*	حريص
Take care	تِيك كِيرَ	Ehhteres	احترس
Wisdom	وِزْدُمْ	'aql	حكمة . عقل
Wise	وَيْزْ	'âqel, *'oqala*	حكيم . عاقل
Ignorance	إجْنُرَنْسْ	Gahl	جهل
Ignorant	إجْنُرَنْتْ	Gâhel, *go-hala*	جاهل
Sure; Certain	شُورْ . سِيرْتِنْ	Muta-akked, *-în*	متيقن . متأكد
Doubtful	دَاوْتْفُلْ	Murtâb, *-în*	مشك . مرتاب
To doub	تُ دَاوْتْ	Ertâb	شك . إرتاب
Belief	بِلِيفْ	Tasdeeq	اعتقاد . تصديق
To believe	تُ بِلِيفْ	Sad-daq	اعتقد . صدق
Deceiver; Swindler; Cheat	دِسِيفَرْه	Ghash-shâsh	غشاش . نصّاب
To deceive	تُ دِسِيفْ	Ghash, (*ghish*)	خدع . غش
Thief	ثِيف	Harami, *—yah*	حرامى
To steal	تُ سْتِيل	Sarak *(esrak)*	سرق

Patience	پيشنس	Sabr	صَبْر
Patient	پيشنت	Saboor, *-în*	صَبُور
Impatient	إمپيشنت	Malool, *-în*	عَدِيمُ الصَبْر . مَلُول
Dirty	ديرتِ	Wisikh, *-în*	وَسِخ
Dirtiness; Dirt; Filth	ديرتِنِس	Wasâkha	وَسَاخَة
Clean	كْلِين	Nedeef, *nodâf*	نَظِيف
Cleanliness	كلِنلِنِس	Nadâfa	نَظَافة
Easy	إيزِ	Sahl, *-à*	سَهْل
Ease	إيز	Sohoola	سُهُولَة
Difficult	دِفِّكَلْت	Saʿb	صَعْب
Difficulty	دِفِّكَلْتِ	Soʿooba	صُعُوبَة
Right	رَايْت	Sahh, Sawâb	صَحّ . صَواب
Wrong	رُنْج	Ghalât	خطأ . غَلَط
Possible	پُسِّبُل	Mom-kin	مُمْكِن
Impossible	إمپُسِّبُل	Mostahheel	غَير ممكِن . مُسْتَحِيل
Danger	دِينجَر	Kha-tar	خَطَر
Dangerous	دِينجَرُس	Mokh-ter, kheter,*—în*	خَطِر. مُخْطِر
Safe	سيف	Sâlem, *—în*	آمِن . سَالم
Safety	سيفتي	Aman	أمان

Behaviour, Conduct	بِهِيَفْيُرْ	Solook	سِيْرَة . سُلُوك
Eloquent	أِلُوكْوِنْتْ	Fasîhh, *fosahha*	فَصِيح
Eloquence	أِلُوكْوِنْسْ	Fasâhha	فَصَاحَة
Hesitation	هِزِتِيشَنْ	Tarad-dod	تَرَدُّد
Gambler	جَامْبْلَرْ	Moqâmer, *—een*	مُقَامِر
To gamble	تُ جَامْبْل	Qâmer	قَامَرَ
Drunkard	دْرَنْكَرْدْ	Sekkîr, *—een*	سِكّير
Prattler, Talkative	پْرَتْلَرْ	Ghalabâwi, *—ya*	ثَرْثَار . غَلَبَاوِي
Bold; Brave	بُولْدْ	Shogâʿ, *shogʿân*	جَسُور . شُجَاع
Rash	رَاشْ	Motahaw-wer, *—een*	مُتَهَوِّر
Suspicious	سَسْپِشُسْ	Zannân, *—een*	سَيِّء الظَنّ . ظَنَّان
Nervous	نِرْوُسْ	ʿasabi, *—yeen*	عَصَبِيّ
Tyrant	تَيْرَنْتْ	Mostabidd, *–în*	مُسْتَبِدّ . ظَالِم
Dignity	دِجْنِتِ	ʿezzet nafs	كَرَامَة . عِزَّة نَفْس
Conscience	كُنْشِنْسْ	Dameer, *damâyer*	ضَمِير . ذِمَّة
Weak	وِيك	Daʿeef, *doʿafa*	ضَعِيف
Strong	سْتْرُنْج	Qawi, *aqwiya*	قَوِيّ
Charity	تْشَرِتِ	Ehhsân, *—ât*	إِحْسَان
Trainer	تـرنـرْ	Modarreb, -*în*	مُدَرِّب

Pious; Godly	پَايُسْ	Taqi, dayin, *—een*	تَقِيّ . دَيِّن
Faithful	فيَثْفُلْ	Mo-men; *—een*	مُؤْمِن
Genius	جِيْنْيُسْ	ʿabqari, *—een*	عَبْقَرِيّ
Mischievous	مِسْتْشِفُسْ	Mo-zi, *—yîn* radi, *ar-diya*	مُؤْذي . رَدِي
Leniency	لِيْنْيَنْسِ	Tasâmohh	تَسَامُح
Lenient	لِيْنْيَنْتْ	Motasâmeh, *—een*	مُتَسَامِح
Vanity	فَنِتِ	Ghoroor	غُرور
Vain	فِين	Magh-roor, *—een*	مَغْرور
Mean	مِيْن	Dani, *adniya*	دَنيء
Forgery	فُرْجَرِ	Taz-weer	تَزْوِيْر
Forger	فورْجَرْ	Mozaw-wir, *—een*	مزَوِّر
Quack	كْوَاكْ	Dag-gal, *—een*	دَجّال

مسَاحات وأشكَال وخَواصّ الأجْسَام

Dimensions, Sizes and Properties of Bodies.

Heavy	هِڤِ	Te-qeel, *to-qâl*	ثَقيل
Light	لَايْتْ	Khafîf, *khofâf*	خَفِيْف
Hard	هَارْدْ	Nâshef, *—een*	صلْب . ناشِف
Coarse	كورْس	Kheshen, *—een*	خشن
Fine	فايْن	Naaʿem, *—een*	ناعم

Soft	سُفْتْ	Tari, *torài*	لين . طري
Flexible	فِلَكْسِبِلْ	Maren, *—een*	لَيِّن . مَرن
Full	فُلّ	Mâlyân, *—een*	ملآن
Empty	إِمْتِ	Fâregh, *—een*	فارغ
Thick	ثِيكْ	Tekheen, *tokhân*	سميك . ثخين
Thin	ثِنْ	Rafee', *rofâ'*	رفيع
Large, Big	لَارْجْ	Kebeer, *kobâr*	كبير
Small	سْمُولْ	Sagheer, *soghâr*	صغير
Little	لِتْلْ	Shewaiya, Qaleel, *qolâl*	قليل (كمية)
Few	فيُو	Qaleel, *qolâl*	« (عدد)
Much	مَطْشْ	Keteer, *kotâr*	كثير (كمية)
Many	مِنِ	Keteer, *kotàr*	« (عدد)
New	نيُوْ	Gadeed, *godâd*	جديد
Old	أُولْدْ	Qadeem, *qodâm*	قديم
Narrow	نَرُ	Day-yaq, *—een*	ضيق
Wide	وَايدْ	Wâ-sse', *—een*	واسع
Extensive	إِكْسْتِنْسِفْ	Momtadd, *—een*	ممتد
Broad	بْرُودْ	'areed, *'orâd*	عريض

Breadth	بِرِدْثْ	ʻard	عَرْض
Short	شُرْتْ	Qa-ssir, osai-yar, *-een*	قَصِيْر
Shortness	شُرْتْنِس	Qossr; ossr	قُصر
Long	لُنْج	Ta-weel, *towàl*	طَويل
Length	لِنْجْثْ	Tool	طُول
Lengthwise	لِنْجْثْ وَايْز	Bet-tool	بالطولِ
Crosswise	كْرُسّ وايز	Bel-ʻard	بالعرْضِ
High	هَايْ	ʻâli, *-een*	عالٍ
Height	هَايْتْ	Ertefâʻ; ʻélu	عُلُوّ . اِرْتِفاع
Low	لُو	Wâti, *-een*	وَاطِي
Deep	دِيْپ	Ghaweet, *ghowât*	عَمِيْق . غَويط
Depth	دِپْثْ	Ghowt	عُمْق . غوط
Sweet	سْوِيْت	Hhelw, *-een*	حُلْو
Salt, salty	سُلْتْ . سُلْتِي	Mâlehh, *-een*	مالِح
Bitter	بِتَر	Morr, *-een*	مُرّ
Sour	سَوَرْ	Hhâmed, *-een*	حامِض
Equal to	إيكْوَلْ تُ	Mossâwi le	مُساوٍ لـ
Different from	دِفْرِنْت فرُم	Mokhtalef ʻan	مُختَلِفْ عن

Parallel to	پَرَلَل تُ	Mowâzi le	مُوَازِلـ
Square	سْكويَرْ	Morab-ba', *–ât*	مُرَبَّع
Triangle	تْرَينْجِلْ	Mossal-las, *–ât*	مُثَلَّث
Oblong	أُبْلُنْج	Môs-tateel, *–ât*	مُسْتَطِيل
Angle	آنْجِلْ	Zâw-ya, *zawâya*	زَاوِيَة
Acute angle	أَكْيُوتْ آنْجِلْ	» hhâd'da	« حَادَّة
Obtuse »	» أُبْتيوس	» monfariga	« مُنْفَرِجَة
Right »	» رَيْتْ	» qâïma	« قَائِمَة
Circle	سِرْكِلْ	Dai-ra, *dawâyer*	دَائِرَة
Round	رَاوُنْدْ	Medaw-war, *–în*	مُسْتَدِير. مُدَوَّر
Diameter	دَيمِتَرْ	Qottr, *aqtâr*	قُطْر
Radius	رَاديُسْ	Noss qottr	نِصْف قُطْر
Circumference	سِرْ كُمْفِرِنْس	Mohheet	مُحِيط (الدائرة)
Arc, arch	آرْك	Qôs, *aqwâs*	قَوْس
Oval	اُوفَلْ	Baidâwi	بَيْضَاوِي
Flat	فْلَاتْ	Mosat-tahh, *–ât*	مُسَطَّح
Surface	سِرْفَسْ	Sathh, *setooh*	سَطْح
Base	بَيس	Assâs, *–ât*	قاعِدَة . أَسَاس
Cube	كْيُوبْ	Moka'-'ab, *–ât*	مُكَعَّب

Cone	كُونْ	Makh-root	مَخْرُوط
Distance; Space	سْپِيْس	Masâfa, *–ât* Bo'd, *ab'âd*	بُعد . مَسَافَة
Line	لَايْنْ	Khat, *khetoot*	خَطّ
Oblique	اُبْلِيْك	Monhharef	مائل . مُنْحَرِف
Perpendicular	پَرْپِنْدِكْيُلَرْ	Qâ-em	عَمودي . قائِم
Horizon	هُرَايْزُنْ	Ofoq, *âfâq*	أُفُق
Horizontal	هُرِزُنْتَلْ	Ofooj	افُقِي
Centre	سَنْتَرْ	Markaz, *marâkez*	مَرْكَز
Axis	أَكْسِسْ	Mehh-war, *mahhâwer*	مِحْوَر
Atom	أَطُمْ	Zar-ra, *–ât*	ذَرَّة
Atomic	أَطُمِكْ	Zarri	ذَرِّي
Movement	مُوْفْمَنْتْ	Hharaka	حَرَكَة
Attraction	أَتْرَكْشَنْ	Gâzibiy-ya	جَاذِبِيَّة
Gravity	جْرَفِتِ	» ardi-ya	اَرْضِيَّة »
Natural	نَتْشُرَل	Tabee'i	طَبِيعِيّ
Artificial	أَرْتِفِشَلْ	Estenâ'i	اصْطِنَاعِيّ
Imitation	إِمِتَيْشَنْ	Taqleed	تَقْلِيد
Simple	سِمْپِلْ	Baseet	بَسِيط
Compound	كُمْپَاوْنْدْ	Morak-kab	مُرَكَّب

Domestic Electricity, etc. الكهربا المنزلية وما اليها

Electricity	إِلَكْتِرِسِيتِ	Kahraba	كَهْرَبا
Electric	إِلَـكْتِرِكْ	Kahrabi	كَهْرَبِيّ
Electrician	إِلَـكْتِرِشَنْ	ʻamel kahrabi	عامِل كَهْرَبِيّ
Motor	مُوطُرْ	Motor, —ât	مُوتُور
Dynamo	دِنُمُو	Dinamo, —ât	مُحرِّك . دِينامُو
Battery	بَترِ	Battari-ya, —ât	بطّارِيّة
Switch	سْوِتْشْ	Moftâhh, *mafâteeh*	مِفْتَاح
Switch (turn) on	سْوِتْش أُنْ	Eftahh	إفتحْ (النور أو التيّار)
Switch (turn) off	سْوِتْش أُفّ	Eqfel	اقفلْ (» » »)
Bulb	بَلْبْ	Bêka	بيكة (»)
Valve	فَـلْفْ	Senâm, —ât	صِمام . بَلْف
Magnetism	مَجْنِتِزِمْ	Maghnatis	مغْنَطِيس
Radio	رَادْيُوْ	Rad-yo, —ât	مِذياع . رَادِيو
Broadcasting station	بْرُودْكَاسْتِنج سْتِيشَنْ	Mahhattet (-ât) ezâʻa	مَحطَّة إِذاعَة
To broadcast	تُ بْرُودْكَاسْتْ	Yezeeʻ	يُذِيع
Microphone	مَيْكْرُفُونْ	Mokab-ber (-ât) es-sôt	مُكبِّر الصَّوْت
Electric bell	إلِكترِيك بِيل	Garas Kahraba	جرس كهربائى
Fluorescent lamp	فلورسنت لَمپ	Lamba Floresent	لمبة فلورسنت
Current	كَرَنت	Tayar (-ât)	تيّار

Wireless	وَيَرْلِس	Lâ-silki	لاسِلْكِيّ
Aerial	أَيرْيَل	Hawâ-i; âr-ya	هَوائي . آرِيَة
Radiation	رَادْيِيشَن	Ishʿâʿ	إشْعاع

ظُروف وحُروف جرّ وعَطف كثيرة الاِسْتِعمال

Adverbs, Prepositions and Conjunctions. in constant use.

About	أَباوْت	Bekhosoos	حَوْل . بِخُصوص
Above	أَبَف	Fôq	فَوْق
After	آفْتَر	Baʿd	بَعْد
Afterwards	آفْتَرْوِيرْدْز	Baʿdên	بَعْد ذلك . بَعْدين
Again	أَجِين	Sânian, Aydan	ثانيًا . أيضًا
Against	أَجِيْنْسْت	Dedd	تِلْقاء . ضِدّ
All	اُول	Koll	كافّة . كُلّ
Along	أَلُنْج	Ila el amâm	لِقُدّام . الى الأمام
Already	أُلْرِدِ	Qabl el ân	قَبل الآن
Also	أُلْسُ	Kamân	أيْضًا . كَذلك . كَمان
Although	اُوْلْذُو	Walaw en	مَع ان . وَلَو ان
Abroad	أبرود	Fi al-khareg	في الخارج
Ago	أجو	Monz, Men	منذ . من

Among; Amid; Amongst	أَمَنْجْ	Bên	ما بَين . بَين
And	أَنْدْ	Wa; we	ثم . وَ (واوُ العطفِ)
Around	أُراوْنْدْ	Hhôl	حَول
As	آزْ	Lamma; Zai	مثْل . شبه . لمـّا . زَيّ
Aside	أَسَايْدْ	ʿala ganb	على جَنب
At	آتْ	Fee; ʿand	بالقرْبِ . في . عِنْد
At first	« فِرْسْتْ	Aw-walan	أولاً
At last; At length	« لاَسْتْ	Akhee-ran	أَخِيْراً
At least	« لِيْسْتْ	ʿala el a-qall	على الأَقلّ
At most	« مُسْتْ	ʿala el ak-tar	على الأَكْثَر
At once	« وَنْسْ	Hhâlan	فَوْراً . حَالاً
At present	« پرِزِنْتْ	Delwaqt	الآن . دِلْوَقْت
Away	أَوِى	Baʿeed	على بعد . بعيد
Because	بِكُوزْ	Bi-sabab, le-an	بِسَبَبِ . لأَن
Before	بِـفُورْ	Qabl, qod-dâm	اَمام . قُدَّام قَبْل
Beforehand	بِـفُورْ هانْدْ	Moqad-daman	قَبْلاً . مُقدّمًا
Behind	بِهَايْنْدْ	Wara; Khalf	خَلْف . وَراء
Below; Beneath	بِـلُو	Tahht	اَسْفَل . أدْنَى . تَحْت
Always	اولـويـز	Dayman	دائمـًا
Asleep	أسْلِيپْ	Nayem, —*een*	نائم

Beside	بِسَايْدْ	Beqorb	عِند . بجانِب . بقُرب
Besides	بِسَايْدْزْ	Khelâf	غير . سِوَى . خِلاف
Between	بِتْوِيْنْ	Bên	ما بين . بَيْن
Beyond	بِيَنْدْ	Wa-ra	فَوْق . وَراء
Both	بُوثْ	Kilâhoma; El-etnên	كِلاهما . مَعاً
But	بَطْ	Lâken	غير ان . لٰكِن
By	بَايْ	Ganb	بِ . عِند . جَنب
„ chance	« تْشَانْسْ	Bes-sod-fa	بالصُّدْفَةِ
„ force	« فُرْسْ	Bel-qow-wa	بالقُوَّةِ
„ turns	« تيَرْنْزْ	Bed-dôr	بالدَوْرِ
Certainly	سَرْتِنْلِ	Akeedan	بالحَقِيْقَةِ . اكيداً
Down	دَاوْنْ	Tahht	أسْفل . تَحْت
During	دْيُوْرِنْ	Asnâ	اثناء
Easily	إيْزِلِ	Besahoola	بسُهولة
Enough	إِنَفْ	Kifâ-ya	كِفَايَة
Except	إكْسِبْتْ	Mâ-ʿada; Illa	سِوَى . ماعَدا . إلَّا
For	فُورْ	ʿalashân; Le-agl	لأجْلِ . عَلَشَان
For instance	« إنْسْتَنْسْ	Masalan	مَثَلاً
Busily	بِيزِلِي	Be ehtmaam	باهتمام
Carelessly	كِيرْلِسْلِي	Be ehmal	باهمال

From	فْرُمْ	Men	من
Here	هِيْرْ	Hena	هنا
How?	هَاوْ	Kêf; Ezzâi	كَيْف
If	إِفْ	Eza	إذَا
In, Inside	إِنْ . إِنْسَايْدْ	Fi; Guw-wa	داخِلاً . في
In and out.	إِنْ أَنْدْ أَوْتْ	Guw-wa we barra	جُوّا وبرّاً
In the mean-time	اِنْ ذَمِيْنْ تَايِمْ	Fi asna zalek	في اثناءِ ذَلِك
Into	إِنْتُ	Guw-wa, Fi,	جُوّا . في . داخِل
Late	لِيَتْ	Wakhri	متأخِّراً . وَخْرِي
More	مُوْرْ	Ziâda	أكْثَر . زِيَادَة
Much	مَطْشْ	Keteer	كَثِيْرْ
Near	نِيْرْ	Belqorb min; Ganb	بالقُرْبِ من
Never	نَفَرْ	Abadan	أَبَدَاً
No; Not	نُو . نُتْ	La, Lés	كَلّا . لَيْسَ . لَا
Not yet	نُتْ يِتْ	Lessa	لم يَزَل . لِسّا
Now	نَاوْ	Del-waqt	الآن . دِلْوَقْت
Of	أُفْ	Men; L-	من . لِ
Off	أُفّ	Be'eed	بَعِيْدَاً
Entirely	إِنتَيـرْلِي	Bel kolli'yat	بالكلية
Exceedingly	إِكسِيدِينجلى	Lelghaya	للغاية

Often	اُفِنْ	Mirâ-ran	مِراراً
On	اُنْ	ʿala	على
Only	اُنْلِ	Bass; Faqat	فقط . بسّ
Out, Outside	آوْتْ	Barra; Khâregan	خارِجاً . بَرّا
Over	اوُفَرْ	Aktar men	زِيادَة على . اكْثَر من
Perhaps	پرْهَپْسْ	Yem-ken	لربما . يمكن
Probable	پرُبَبلْ	Mohhtamal; Momkin	ممكن
Probably	پرُبَبلِ	Men el mohh-tamal	مِنْ المحْتَمَل
Quickly	كْوِكْلِ	Bisor-ʿa	بسُرْعَة
Quietly	كْوَيِتْلِ	Beshwêsh; Behedû	بسَكِينَة . بهُدُوء
Quite	كْوَيْتْ	Tamâm	تماماً
Round	رَاوْنْدْ	Hhôl	حَوْل
Since	سِنْسْ	Men moddet	مُنْذ . مِن مُدَّة
Slowly	سْلُوْلِ	ʿala mahl	بِبُطْء . على مَهل
Some	صَمْ	Shewai-ya; Baʿd	بَعْض
Sometimes	صَمْتايمْز	Baʿd el ahhyân	بَعض الأَحيان
Soon	سُوْنْ	Hhâlan	سَريعاً . حَالاً
There	ذيرْ	Henâk	هُناك
Instead	إينسْتِد	Badal	بدل
Lately	ليتْلي	Akhiran	أخيراً

Therefore	ذِرْفُور	Lezâlek	من ثمّ . لذلك
Through	ثْرُو	Bewâsitat	عَن يد . في . بِواسِطَةِ
Till; Until	تِلّ . أَنْتِلّ	Leghâyet ma	الى أن لغَايَة ما
To	تُ	Ila	الى
Too; Also	تُو . أُلْسُ	Kamân	أيضاً . كمان
Towards	تُ وِيرْدْز	Nahhu	نحو
Under; Underneath	أَنْدَرْ	Tahht	تَحْت
Unless	أَنْلِسّ	Mâ-lam	ما لَم
Up, Upon	أَپْ	Fôq; ‘ala	فوق . عَلى
Upwards	أَپْ وِيرْدْز	Ziâda ‘an	نيِّف . زيادة عن
Usually	يُجُوَلِ	‘âdatan	اعْتياديًا . عادة
Very	ڤِرِ	Khâles; Geddan	جداً
When	وِنْ	Lam-ma	حينما . لما
When ?	«	Emta	متى . امتى
Where	وِيرِه	Mat-rahh, Mahhall	حَيْث . مطْرَح . مَحَلّ
Where ?	«	Fên	أين . فين
With	وِذْ	Ma‘; Be	مَع . بِـ
Within	وِذِنْ	Fi; Guw-wa	داخِلاً . فى . جوّا
Undoubtedly	أندَوْتِدْلي	Bela shak	بلا شك

Without	وِذَاوْت	Bedoon; Bela	بدون . بِلَا
Yes	يِيَسْ	Naʿam; Aywa	بلَى . نَعَمْ
Yet	يِيَت	Lil-ân, Ledel-waqt	بَعد . للآن

The Pronouns. الضمائر

I *can*	آيْ كَانْ	Ana *aqdar*	أنا أقْدِر
He „	هِيْ »	Howa *ye*qdar	هُو يَقْدِر
She „	شِيْ »	Hiya *te*qdar	هِي تَقْدِر
We „	وِيْ »	Ehhna *ne*qdar	نَحْنُ نَقْدِر
You „	يُوْ »	Enta *te*qdar Ento *te*qdaro	أنتَ أو أنتُم تَقْدُروا
They „	ذِيَ »	Hom *ye*qdaro	هم يَقْدِروا
Tell me	تِيَلّ مِ	Qol l*i*	إِخْبِرني . قُول لي . قُلْ لي
„ him	هِمْ »	„ lo*h*	إخْبره . » له
„ her	هَارْ »	„ la*ha*	إخبرها . » لها
„ us	أَصْ »	„ le*na*	إخبرنا . » لنا
I tell you	آيْ تِيَل يُوْ	*Ana aqool* lak „ „ laqom	أنا أَقول لك
Tell them	تِيَل ذَمْ	*Qool* lahom	إخبِرهُم . قُلْ لهم

Inanimate objects are either masculine or feminine, no neuter in Arabic.

My *book*	مَايْ بُكْ	*Kitâb*-i	كِتَابِي
His *book*	هِزْ بُكْ	*Kitâb*-oh	كِتَابه
Her "	هَارْ "	" -ha	كِتَابها
Our "	أَوَرْ "	" -na	كِتَابنا
Your "	يُورْ "	*kitâb*-ak " -kom	كِتَابك . كِتَابكم
Their "	ذِيرِ "	" -hom	كِتَابهم
This; That	ذِسْ . ذَاتْ	Hâza; da *(m.)**	هٰذا . دَا
" "	" "	hâzihi; *di (f.)**	هَذِه . دِي
These, Those	ذِيْز . ذُوزْ	hâ-olâ,; dôl *	هٰؤلاء . دول
Who, Whom	هُوْ . هُوْمْ	Allazi; elli	الذي (للانسان)
That, Which	ذَاتْ . وِتْش	Allazi; elli	الذي (للحيوان والجماد)
Who ?	هُوْ	Man, meen	مَن . مِين
Whose ?	هُوزْ	Liman; bitâ' meen	لمن . بتاع مِيْن
What ?	وَطْ	Mâza; êh	ما . مَاذا
Why ?	وَايْ	Lêh; alashan êh	لِمَاذَا . ليه
Where ?	وِيَرْ	Fên; wên.	أيْن . فَين

(*) ***Da***, ***Di*** and ***Dôl*** come after the nouns they denote, which should take the article, as in, El kitâb *da* (this book), El bent *di* (that girl), El beyoot *dôl*, (these houses).

كلمات تختصّ بالتِجارة والأشغال

Commercial and Business terms.

Account	أكْكَاوْنْتْ	Hhisâb, *–ât*	حِساب
Accountant	أكْكَاوْنْتَنْتْ	Muhhâseb, *–în*	مُحاسِبجي
Chief accountant	» تْشِيْفْ	Rayes, *(ru-asa)* el hhesâbât	رَئيس الحِسابات
Agency	ايـجِنْسِ	Taw-keel, *–ât*	وكالة . توكيل
Agent	ايـجِنْتْ	Wakeel, *wokala*	عَميل . وَكيل
Amount, Sum	أمَاوْنْتْ	Mab-lagh, *mabâlegh*	مَبلغ . قِيّمَة . مِقْدار
Article	آرْتِكِلْ	Sanf, *asnâf*	صَنْف
At (a)	آتْ	Beseʿr	بسِعْر
Auction	اوُكْشَنْ	Mazâd, *–àt*	مَزاد
Auctioneer	اوُكْشَنْيرْ	Dal-lâl, *–în*	دَلاّل
Balance	بَلَنْسْ	Rassed, *arsida*	باقي حِساب . رَصِيْد
Bale	بيِل	Bâla, *balât*	بالَة
Bank	بانْكْ	Bank, *benook*	مصْرف . بَنْكْ
Bank-note	» نوُتْ	Waraqet bank	وَرَقة بَنْكْ
Banker	بانْكَرْ	Bankêr	صَرّاف . بَنْكِيْر
Bankrupt	بَنْكْرَبْتْ	Mefal-less, *–een*	مُفْلس
Advertisement	أدْفِرْتيْزْمنْتْ	Eʿlan	إعلان
To authorize	تُ أَثْرَيْز	Fawad *(fawed)*	فوّضَ

Bankruptcy	بَنْكرَپْس	Tafleesa	تَفْلِيسة
Bill of lading	بِلْ أُفْ لِيدِنْج	Boleeset shahhn	بُولِيصَة شَحْن
Book-keeper	بُكْ كِيپَرْ	Mâsek el dafâter	مَاسِك الدفاتِر ، مُحاسِب
Book-keeping	بُكْ كِيپِنْج	Mask ed dafâter	مَسْك الدفاتِر
Broker	بْرُوكَرْ	Semsâr, *somâsera*	سِمْسَار
Brokerage	بْرُوكَرِدْج	Samsára	سَمْسَرَة
To buy	تُ بَايْ	Eshtára, (eshteri)	إشْتَرَى
Capitàl	كَپِتَلْ	Ras-mâl	رَأْسمَال
Cargo	كَارْجُو	Shohh-na	شُحْنَة
Cash; Money	كَاشْ	Feloos, Naqdiy-ya	نَقْدِيَّة
Cashier	كَشِيَرْ	Sarrâf, —*în*	صَرَّاف
Cheap	تْشِيپْ	Rekhees, *rukhâs*	رَخِيص
Cheque	تْشِكْ	Tahh-weel, *tahàwîl.*	حَوَاله . تَحْوِيل
Clerk	كْلَارْكْ	Kâteb, *Kottâb*	كَاتِب
Commerce	كُمَرْس	Tegâra	تِجَارَة
Commercial	كُمَرْشَل	Tegâri	تِجَارِيّ
Commission	كُمِشَن	ʿomoola	عُمُولَة
Company; (Co.	كُمْپَنِ	Sharika, —*ât*	شَرِكَة
Bargain	بَرْجِين	Sharwa, Okazion	شروة . لقطة
Boycotting	بويكتينج	Mokâtaʿah	مقاطعة

Contract	كُنْتْرَكْتْ	Contrâto, *contrâtât*	عَقْد . كُونْتراتو
Correspondence	كُرِسْپِنْدِنْسْ	Mokâtaba	مُراسَلَة . مُكَاتَبَة
Credit	كْرَدِتْ	E'temâd, *-ât*	إعْتِماد. مَطْلُوب له
On credit	أُنْ »	Bed-dên ; Shokok	بالدَّيْنِ
Creditor	كْرَدِتُرْ	Dâ-en,*-een*	دَائِن. صَاحِبُ الدَّيْنِ
Customer	كَسْتُمَرْ	Zeboon, *zâbâyen*	زبُون
Dear, Expensive	دِيْر	Ghâli, *-în*	غَالٍ
Debt	دِتْ	Dên, *deyoon*	دَيْن
Debtor	دِتُرْ	Mad-yoon, *-în*	مَدْيُوْن . مَطلوب منه
Demand	دِمَانْدْ	Talab, *-ât*	طَلَب
In demand	اِنْ دِمَانْدْ	Matloob; Râyeg	مَطلوب . رَايج
Good demand	جُدْ دِمَانْدْ	Rawâg	رَواج
Deposit	دِپُزِتْ	Ta-meen; Amâna	تأمِيْن . أمانة
Detail	دِتِيلْ	Tafseel	تَفْصِيل . تَوضيح
Discount, Reduction	دِسْكَاوْنْتْ	Tanzeel	خَصْم . تنزيل
Duty, Customs	دْيُوتِ	Rasm (*resoom*) gom-rok	رَسْم جُمْرُك
Expense	اِكْسْپِنْسْ	Masroof, *-ât*	مَصْرُوف
Fare	فِيَرْ	Ograt(*ogar*) safar	أُجْرَة سَفَر
Circular	سِيرْكيولَر	Manshoor	منشور
Consignment	كُنْسَيْنْمِنْتْ	Ressala	رسالة

Freight	فْرِيَتْ	Nawloon	نَاوْلُون
Gain; Profit	جِيَن . پْرُفِتْ	Ribhh; *arbâhh*	رِبْح
Goods	جُدْزْ	Badâye'	بَضَائِع
Income	إِنْكَمْ	Dakhl	دَخْل . إِيْراد
Indemnity	إِنْدِمْنِتِ	Ta'weed, *-ât*	تَعْوِيض
Instalment	إِنْسْتُولْمِنْت	Qest, *aqsât*	قِسْط
Insurance	إِنْشُورْنْس	Sikortà	تَأْمِين . سِيكُورْتَاه
To insure	تُ إِنْشُوْر	Sôkar, Ammen	أَمَّنَ . سَوْكَر
Interest	إِنْتِرِسْتْ	Fâyez, *fawàyez*	فائدة . فايِظ
Endorsement	إِنْدُرْسْمِنْت	Tahhweel	تَظْهِير . تَحْوِيل
Letter	لِتَرْ	Gawàb, *gawabàt*	جَواب
To borrow	تُ بُرُّ	Estalaf (estelef)	إستلَف . اِستِلِف
To lend	« لِنْدْ	Sallef	أقرض . سَلِّف
To lose	« لُوزْ	Khesser, (ekh-sar)	خَسِر
Loss	لُص	Khosâra, *khasâyer*	خَسَارَة
Merchant	مِيرْتْشَنْتْ	Tâger, *toggâr*	تاجِر
Merchandise	مِيرْتْشَنْدَايْز	Bodâ'a, *badâye'*	بِضَاعة
Mortgage	مُرْجِيدْج	Rahniy-ya, *-ât*	رَهْن . رهنية
Delivery	دِلِيفري	Tasleem	تسليم
To deliver	تُ دِلِيفر	Sallem	سلّم

Net	نِتْ	Sâfi	صَافٍ . صَافي
Order	اوُرْدَرْ	Amr, talab, *-ât*	طَلَب . أَمْر
Package, Parcel	پَكِدْج	Tard, *torood*	رِزْمَة . طَرْد
Partner	پَارْتْنَر	Shareek, *shoraka*	شَرِيك
To pay	تُ پِي	Dafaʿ, ed-faʿ	دَفَع
Payment	پِيمَنْتْ	Dof-ʿa, *do-faʿ*	دَفْع . دُفْعَة
Price	پرَايْس	Taman, *atmân*	ثَمن
Profit	پرُفِتْ	Maksab, *makâseb*	رِبْح . مَكْسَب
Purchase	پرْتْشِيز	Shera	شِراء
Rate	رِيتْ	Seʿr, *asʿâr*	سِعْر
Receipt	رِسِيتْ	Wasl, *wesoolât*	إيصال . وَصْل
Rent	رَنْتْ	Ogra, *ogar*	ايجار . أُجْرَة
Retail	رِتِيل	Qattâʿi	قَطَّاعي
Sale	سِيل	Beʿ, *beyooʿât*	بَيْع
To sell	تُ سِيل	Bâʿ, yebeeʿ, (beeʿ)	بَاعَ
Seller, Dealer	سِلَرْ	Bai-yâʿ, *—een*	بائع . بَيَّاع
Sample	سَامْپِل	ʿay-yena, *—ât*	عَيِّنَة
Store, Warehouse	سْتُورْ	Makh-zan, *makhâzen*	مَخْزَن
To guarantee	تُ جَرَنْتِي	Damana	ضَمَن
Market	مَرْكِت	Sook, *aswak*	سوق

Tariff	تَارِفْ	**Ta'reefa**	تَسْعِيْرَه . تَعْرِيْفَة
Tax	تَاكْسْ	**Dareeba,** ***darâyeb***	ضَرِيبَة
Telegram	تِيلِجْرَمْ	**Teleghrâf,** ***–ât***	تِلغراف
Telephone	تَيلِفُونْ	**Teleephone**	تِلفُون
Value	فَلْيُ	**Qeema; Taman**	قِيمَة
Wholesale	هُولْ سِيَل	**Bel gom-la**	بِالجُمْلَة
Change	تشِينْج	**Fak-ka**	فَكَّة
Coin	كُوِينْ	**'omla**	عُمْلَة
Pound, (Sovereign)	بَاوْنْد	**Genêh,** ***–ât***	جُنَيْه
„ **(Sterling)**	„ سْتَرْلِنْج	„ **Engeleezi**	„ إِنجليزي
Egyptian Pound	اَجِيبْشَنْ بَاوْنْد	„ **Mas-ri**	„ مِصْري
Dinar	دِيْنَار	**Genêh Irâqi**	جِنِيْه عِراقى . دِيْنَار
Shilling	شِلِنْ	**Shillin,–ât**	شِلِنْ
Penny	پِنِ	**Pe-ni,** ***bensât***	بِنْس
Franc	فْرَانْك	**Franc,** ***–ât***	فْرَنْك
Dollar	دُلَّر	**Riyâl,** ***–ât***	رِيَال
Cent	سِنْت	**Cent,** ***–ât***	سِنت (٢٠ مليماً)
Piastre (P.T.)	پِياسْتَر	**Qersh,** ***qoroosh***	قِرْش
Milliem; Mill	مِلْيَمْ . مِل	**Malleem,** ***–ât, malâleem***	مِلّيم
Private	پرَيْفِت	Khosossi	خصوصى
To seize	تُ سِيز	Hagaz (*ehguez*)	حَجز

Weights	وِيْتْس	Mawâzeen	مَوازين
Ton	طَنْ	Tolonâta, *–t*	طُولُوناتَه
Cantar; hundredweight	كَنْتَارْ	Qentâr, *qanâteer*	قِنْطار
Oke	اوُكْ	Weqqa, *–ât*	أُقَّة
Pound, Rotl	رُطْلْ . پاوُنْدْ	Ratl, *artâl*	رَطْل
Ounce	آوُنْس	Weqiy-ya	أُوْقِيَّة . وَقِيَّة
Dram	دْرَامْ	Dar-hem, *darâhem*	دِرْهَم
Gramme, Gram	جْرَامْ	Grâm, *–ât*	جرام
Kilogramme	كِيلُوْ جْرَامْ	Kilogram, *–ât*	كِيلُوْ جرام
Measures	مِجَرْزْ	Maqâyees	مقاييس
Metre	مِيتَرْ	Metr, *amtâr*	مِتْر
Centimetre	سِنْتِيْمِتَرْ	Santimetr, *–ât*	سَنْتِيمِتْر
Yard	يَارْدْ	Yar-da, *–ât*	يارْدَة
Foot	فُتْ	Qadam, *aqdâm*	قَدَم
Inch	إِنْتْشْ	Qirât, *qarâreet*	قِيْراط
Mile	مايْل	Meel, *amyâl*	مِيْل
Kilometre	كِيلُمِتَرْ	Kilometr, *–ât*	كِيلُو مِتْر
Span	سپَانْ	Shebr, *ashbâr*	شِبْر
Cubit	كيُوبْتْ	Dirâʻ, *adroʻ*	ذِرَاع (٤٥ سَنْتِي)
Knot	نُتْ	Meel bahari	ميل بحرى . عقده

GOVERNMENT TERMS. الحكومة

King	كِنْج	Malek, *melook*	مَلك
Queen	كْوِين	Malika	مَلكة
Emperor; Czar	إِمْبِرُرْ . زَارْ	Embratôr, *abâtera*	إمْبراطور
Sultan	سَلْتَنْ	Soltân, *salatîn*	سُلْطان
President	بْرِزِدِنْتْ	Ra-ees, *ro-assa*	رَئيس
Crown-prince	كْرَاوْنْ پْرِنْسْ	Wali-ʿahd	وَلي عَهْد
Prince	پْرِنْس	Ameer, *omara*	أَمِيْر . برِنس
Princess	پْرِنْسِسْ	Ameera; Brensa	أمِيْرة . برِنْسس
Duke	دْيُوكْ	Dooq, *—ât*	دُوْق
Duchess	دَتْشِسْ	Dooka	دُوْقة
Marquis	مَارْكِيزْ	Marqueez	مَرْكيز
Count	كَاوْنْت	Kont	كونْت
Countess	كَاوْنْتِسْ	Kontêssa	كونْتِس
Lord	لُورْدْ	Lord, *—ât*	لورْد
Lady	لِيدِ	Lady	ليدي
Pasha	پَاشَا	Basha; *bashawât*	باشا
Republic	رِيپَبْلِيك	Gomhoori'ya, *—ât*	جمهورية

Bey	بى	Bey, *behawât*	بك . بيك
Ambassador	أمبسدر	Sa-feer, *sofara*	سفير
High commissioner	هاي كمشنر	Man-doob sâmi	مندوب سام
Consul	كنسل	Qon-sol, *qanâsel*	قنصل
Governor	جفرنر	Mohâfez, *-în*	حاكم . محافظ
Commandant	كمندنت	Hekemdâr	حكمدار
Ministry	منستر	Wezâra *-t*	وزارة
Minister	منستر	Wazeer, *wozara*	وزير
Prime Minister	پرايم منستر	Ra-ees wozara	رئيس وزارة
Ministry of Finance	منستر أف فينانس	Wezâret el Mâlly-ya	وزارة المالية
„ of Public Works	« « پبلك وركس	Wezâret el ash-ghâl	« الأشغال
„ of the Interior	« « إنتيريرو	Wezâret el dakh-liyya	« الداخلية
„ of Foreign Affairs	« « فورن أفيرز	Wezâret el khar-giyya	« الخارجية
„ of Communications	« « كمينكيشنز	Wezâret el mowâ-salât	« المواصلات
„ of War	« « وور	„ el defâ'	« الدفاع
„ of Education	« « إديكيشن	„ el ma'âref	« المعارف
„ of Social Affairs	« « سوشيل أفيرز	„ elshe-oon el egtemâ'iy-ya	« الشئون الاجتماعية
„ of Public Health		Wezâret es.sehha	« الصحة

Titles of nobility in the U. A. R. are now abolished and names of most ministries changed.

Council of Ministers	كُونْسِل	Magles wozarâ	مَجْلِس الوزَراء
Adviser	أَدْفَيْزَرْ	Mostashâr, *-een*	مُسْتَشَار
Attorney-General	أَتُرْنِ جِنْرَلْ	Nâyeb (*nu-âb*) 'âm	نائب عَامّ
Substitute of Parquet	سَبْسْتِتيُوتْ	Waqîl (*wokala*) neyâba	وَكيل نِيابَة
Parquet	پَرْكِي	Niyâba	نِيَابَة
Government official	جَفَرْنِمَنْتْ أُفِشَل	Mowazzaf (*-în*) hokooma	مُوَظَّف حُكُومَة
Policeman	پُلِيسْ مَان	Shorati, bolees	شُرَطِي . بُولِيسْ
Constable	كُنْسْتَبُلْ	Konstable, *-at*	كُنْسْتَابل
Soldier	سُولْجَرْ	'askari *asâker*	جُنْدِي . عَسْكَرِي
Army	آرْم	Gêsh, *geyoosh*	جَيْش
Parliament	پَارْلِيَمِنْت	Barlamân	مَجْلِس نُوَّاب . پَرْلَمَان
Member of Parliament	مِمْبَرْ أُفْ «	'edw (*a'dâ*) .	عُضْو پَرْلَمَان
Judge	جَدْج	Qâdi, *qodât*	قَاضِي
Solicitor, Lawyer	سُلِسِتُر . لُويَر	Mohhâmi, *-yîn*	مُحَام
Process server	پُرُسِس سَرْفَر	Mohhder, *-een*	مُحْضِر
Expert	إِكْسپِرْت	Khabeer, *khobara*	خَبِير
Inspector	إِنْسْپِكْتُر	Mofattesh, *-een*	مُفَتِّش
Director	دَيْرِكْتُر	Modeer, *-een*	مُدِير
Scretary	سِكْرِتَرِي	Secretair	سكرتير
Translator	تِرَنْسْلِيتُر	Motargem, *-een*	مترجم

Station-master	سْتيشَن مَاسْتَر	Nâzer mahhat-ta	ناظِر محطّة
Assistant station master		Meʿâwen mahatta	معاوِن محطة
Guard	جَارْدْ	Komsâri, *-ya*	كُمْسارِي
Telegraphist	تِلَجْرَفِسْت	Teleghrâf-gi, *-ya*	تِلغْرافجي
Storekeeper	سْتُورْ كِيپَرْ	Makhzan-gi, *-ya*	مخزنجي
Brakesman	بْرِيكْسْمَانْ	Farmal-gi, *-ya*	فرمَلْجي
Pointsman	پُيْنْتِسْمَانْ	Moftahh-gi, *-ya*	مِفتاحْجي
Signalman	سِجْنَلْمَان	Ashar-gi, *-ya*	أشَرْجي
Driver	دْرَايِفَرْ	Saw-wâq, *-een*	سَوّاق
Stoker, Fireman	سْتُوكَرْ. فَيَرْمَانْ	ʿatashgi, *-ya*	عَطَشْجي . أتَشْجي
Postmaster	پُوسْتْمَاسْتَر	Wakîl (*wokala*) bôsta	وَكيل بُوسْتة
Postman	پُوسْتْمن	Sâʿi *(soʿâ)* bôsta	سَاعِي بُوسْطة
Usher	أشَّر	Hhâgeb	حَاجِب
Pensioner	پِنْشْنَر	Belmaʿâsh	بالمعاشِ . صاحِب مَعاش
Pay, Salary	پِيَ . سَارِ	Mâhiyya	راتِب . ماهِيّة
Official	أفِشَلْ	Ras-mi, *-ya*	رَسْمي
Unofficial	أنْ أفِشَلْ	Ghêr ras-mi	غير رَسْمي
Government Circles	جَفَرْنْمَنْت سِرْكِلْز	Dawâyer el hhokooma	دَوائر الحُكومَة
Telegraphs Administration	تِلَجْرَافْس	Maslahet et telleghrafât	مَصْلَحَة التلغرافات

(9) هدية

Customs Department	كُسْتَمْزْ دِپَارْتَمَنْتْ	Edâret el gamârek	إدارَة الجمارِك
Postal Administration	پُسْتَل أَدْمِنِستريَشَن	Maslahhet el Bosta	مَصْلَحَة البوسْتَة
Post Office	پُوسْتْ أُفِس	Maktab Bosta	مَكْتَب البُوسْتَة
The Law	ذَ لُو	El-qada	الشَّريعة . القَضاء
The Governorate	جُفَرْنَـرِيَتْ	El-Mohhafza	المحافَظَة
Police station	پُولِيسْ سْتَيْشَنْ	Tomn, Karakôl	قَرَه قُول . تمن
Consulate	كُنسُلِتْ	Qonsolâto	قُنْصِلِيَّة . قُنْصُلاتُو
Embassy	إِمْبَسِ	Sefâra	سِفَارَة
Consular courts,	ذَ كُنْسُلَرْ كُورْتْسْ	El Mahhâkem el qonsoli-ya	المحاكِم القُنْصُلِيَّة
The Mixed Tribunals	مِكْسِدْ تْرَايْبْيُنَلْزْ	El Mahhâkem el Mokhtaleta	المحاكِم المختلطة
Native Tribunals „ Courts	نَيْتِڤْ »	El Mahhâkem el Watani-ya	المحاكِم الوطنية
Mohammedan Law Courts	مُهَمِّدَنْ كُورْتْسْ	El Mahhâkem-esh-Sharʿiy-ya	» الشَّرْعِيَّة
The Courts of First Instance		El Mahhâkem el ebtedâ-iy-ya	» الابتدائيَّة
Courts of Summary Justice		El Mahhâkem el goz-iy-ya	المحاكِم الجزئيَّة
Court of Appeal	كُورْتْ أُفْ أَپِيلْ	Mahhkamet el Estenâf	محكمة الإسْتِئناف
Court of Cassation	» كَسَيْشَنْ	Mahhkamet en Naqd wal Ebrâm	محكمة النقض والإبرام
Action, Lawsuit	آكْشَن . لُوسُوتْ	Qadiyya, *qadâya*	قَضِيَّة
Contravention	كُنْتْرَڤِنْشَنْ	Mokhâlafa	مخالفة
Misdemeanour	مِسْدِمِينَرْ	Gon-hha, *go-nah*	جُنْحَة
Tourist	تُورِيستْ	Sayeb, *si'yah*	سائح
Collector	كُلِكْتَر	Mohassel, *—een*	محصل

Crime; Felony	كْرَايْمْ	Genâya	جَريمة.جنَايَة
Appeal	أَپِّيلْ	Este'nâf	إسْتِئْناف
Hearing; Trial	تْرَايَلْ	Mohhâkama	مُحَاكَمَة
Aggressor	اَجْرِسُّرْ	Mo'tadi, *–een*	معْتَدٍ
Adversary, Opponent	اَدْ ڤِرْسَرِ	Kheṣm, *akhṣâm*	خِصْم
Plaintiff	پْلِينْتِفْ	Modda'i, *–een*	مدَّعٍ
Defendant	دِفِنْدَنْتْ	Modd'a 'alêh	مدَّعَى عليه
Witness	وِتْنِسْ	Shâhed, *shohood*	شَاهِد
Charge, Accusation	تْشَارْجْ. اَكيُزِيشَنْ	Toh-ma, *to-ham*	تُهْمَة
The Code	كُودْ	Qânoon, *qawâneen*	القَانُون
Paragraph	پَرَجْرَفْ	Faqara	فقْرَة
Fine	فَايْنْ	Gharâma	غَرَامَة
Imprisonment	إمْپِرِزُنْمَنْتْ	Habs; Sagn	سَجْن . حَبْس
Prison	پْرِزُنْ	Sign, *sigoon*	سِجْن
A summons	سَمُنْزْ	'elmtalab; e'lân	إعْلان.عِلْمْ طَلَب
Oath	اوُثْ	Yameen	يَمِين
He took the oath.		Hhelef el yameen	حلفَ اليمين
Judgement	جِدْجْمِنْتْ	Hhokm madani	حُكْم مَدَنِيّ
Sentence	سَنْتِنْسْ	Hhokm genâ-i	حُكْم جِنَائِي
To arrest	تُ أرِسْت	Awkaf, *ewkef*	اوقفَ. قبض على
Tax	تَـكْس	Dariba, *darayeb*	ضَرِيبَة

Independence	إنْدِ پِنْدِنْسْ	Esteqlâl	إسْتقلال
Independent	إنْدِ پِنْدِنْتْ	Mustaqill	مُسْتَقِلّ
Occupation	أُكْيُپِيْشَنْ	Ehhtelâl	إحْتلال
Evacuation	اِڤَكْيُيْشَنْ	Galâ	جلاء

Verbs in constant use. أفعال كثيرة الاستعمال

Regular Verbs (١) أفعال قياسية

Abandon [1]	أَبَنْدَنْ	Ta-rak, *et-rok*	هجر. تَرَك
Abolish, Cancel	أَبُلِش	Ab-tal, *ebtel*	ألغى. أبطل
Abuse [1]	أَبْيُوْزْ	Ahân, *heen*	أساء استعمال. أهان
Accept	أكْسَپْتْ	Qebel, *eqbal*	قبل
Accompany [1]	أَكُمْپَنِ	Râfe [1]	رافق

(١) الأفعال القياسية هي التي يُصاغ ماضيها باضافة حرفَيّ ed الى المصدر ، إلا إذا كان منتهياً بحرف e فيُضاف d فقط ، مثل Abandon*ed* و Abuse*d*- وإذا كان المصدر منتهياً بحرف y يُبْدل بحرف i ويضاف ed مثل Accompan*ied*، أما إذا كان الحرف y مسبوقاً بـ a (أو) e (أو) i (أو) o فيبقى على حاله ويُضاف إليه ed مثل Pl*ayed* (أصلها Play). ولا يفوت المتعلم أن الأفعال الانكليزية المذكورة في هذا الباب هي في صيغة المصدر ولو أن ترجمتها العربية مذكورة في صيغتيّ الماضي والأمر.

(1) The Arabic verbs are in the third person singular of the past tense; and those verbs written in Italics are in the imperative mood. (1) Where the imperative is not given, it is the same as the third person singular of the past tense.

Accouut for	أَكْكَاوْنْتْ فُورْ	ʻal-lel ʻan	علّلَ عن
Accustom to	أَكْكَسْتُمْتُ	ʻaw-wed ʻala	عوّدَ على
Acknowledge	أَكْنُلَدْج	Eʻtáraf, *eʻteref*	أقرّ . اعترفَ
Acquaint with	أَكْوِيَنْتْ وِذْ	Aʻlam be, *eʻlem*	عرّفَ . أعلَم بـِ
Acquire	أَكْوِيَرْ	Nâl, *nool*	حصلَ . نالَ
Act	أَكْتْ	Etsar-raf	عمل . تصرّفَ
Add	آدْ	Adâf, *deef*	أضافَ
Admire	أَدْمَيَرْ	Estahh-sen	أعجَبَ بـِ . استحْسَنَ
Admit	أَدْمِتْ	Qebel, *eq-bal*	سَلّمَ بـ . قَبلَ
Adopt	أَدُپْتْ	Etban-na	تَبَنّى . إنتَخَبَ
Adore	أَدُورْ	ʻabad, *eʻbad*	عبَدَ
Adorn	أَدُرْنْ	Zay-yen	زَيّنَ
Advance	أَدْڤانْسْ	Etkad-dem	تقدّمَ
Affirm	أَفِفَرْمْ	Ak-ked	إكّدَ
Agitate	أَجِتَيْتْ	Hay-yeg	هيّجَ
Agree	أَجْرِي	Et-tafaq, *ettefeq*	اتّحَدَ . اتفقَ
Agree on	» أُنْ	Ag-maʻ ʻala	أجْمَعَ على
Agree to	» تُ	Wâfeq ʻala	وافَقَ على
Attach	أَتَتْش	Lazaka, *elzak*	لزَقَ

Aid, Assist, Help	ايدْ. هِلْبْ	Sâʿed	سَاعَد
Allow, Permit	أَلَّاوْ. پِرَمِتْ	Azan, *eêzen*	سَمَح . أذن
Alter	الْتَرْ	Ghay-yar	غَيَّر
Amuse	أَمْيُوْز	Sal-la, *sal-li*	سَلَّى
Annoy	أَنْنُويْ	Zaʿ-ʿal	گدَّر. ضَايَق.زَعَّل
Answer, Reply	آنسَرْ	Gâweb	جَاوَب
Apologize for	أَپُلُجَيْز	Eʿtázar, *eʿtézer*	إعتَذَر عَن
Appear	أَپِيرْ	Zá-har, *ez-har*	بَانَ . ظَهَر
Apply	أَپْلَايْ	Estaʿmel	اسْتَعْمَل . وضَع . طَلَب
Appoint	أَپْپُيْنْتْ	ʿay-yen	وَظَّف. عَيَّن
Approach	أَپْرُوتْشْ	Qar-rab; Eqtárab (men), *eqtéreb,*	إِقْتَرَب من
Approve of	أَپْرُوْفْ	Sâdeq ʿala	صَادَق على.وافق على
Arrange	أَرْرِينْجْ	Rat-teb	رَتَّب
Arrive	أَرْرَايْفْ	We-sel, *ewsal*	وَصَل
Ask	آسْكْ	Sa-al, *es-al*	سَأَل
Ask after	أَفْتَرْ "	" " ʿan	سَأَل عن
Assure	أَشْشُوْرْ	Ak-ked	أَكَّد
Astonish	أَسْتُنِشْ	Ad-hash, *ed-hesh*	أَدْهَش
Allarm	أَلَرْمْ	Nab'bah, *nab'beh*	نبّه
Attain	أَتَيْن	Adrak, *edrek*	ادرك

Attach to	أَتَاتْشْ	Ra-faq be, *erfeq*	أرْفَق . رفق . الحقَ بِ
Attack	أتَاكْ	Ha-gam ʻala, *eh-gem*	هَجَمَ على
Attend	أتَنْدْ	Hhe-der, *ehh-dar*	أصْغى . حَضَرَ
Attract	أتْرَكْتْ	Ga-zab, *eg-zeb*	جَذَبَ
Bathe	بِيذْ	Estehham-ma	إغْتَسَلَ . إسْتَحَمَّى
Behave	بِهِيفْ	Se-lek, *es-lok*	سَلَك
Believe	بِلِيفْ	Sad-daq	صَدَّق
Belong to	بِلُنْج	Khass	خَصّ . تعلَّق بهِ
Blame for	بْلِيمْ	Lâm, *loom*	لامَ على
Blaze	بْلِيز	Elta-hab; Lah-leb	التَهَبَ
Bless	بْلَس	Bârek	بارَكَ
Boast of	بُوسْتْ	Efta-khar, *eftekher*	افتخَرَ . تباهى بِ
Boil	بُويْلْ	Gha-la, *egh-li*	غلى
Borrow	بُرُو	Esta-laf, *estelef*	إسْتَلَفَ
Bow	بَاوْ	En-hhana, *enhheni*	حَنَى . إنْحَنَى
Breathe	بْرِيذْ	Etnaf-fes	تَنَفَّسَ
Bribe	بْرَايْبْ	Bar-tal	رَشَى . بَرْطَلَ
Bury	بَرِي	Da-fan, *edfen*	دَفَنَ
Beat	بِيتْ	Ghalab, *eghleb*	غلبَ

Call	كُولْ	Nadah, *endah* Sam-ma, *sam-mi* (name)	نادى . سَمّى
Call on, (visit)	» أُنْ	Zâr, *zoor*	مَرّ على . زار
Care for	كيَرْ	Eʿtana, *eʿteni*	إعتنى بـ
Carry	كَرِ	Hha-mal, *ehh-mel*	حَمَلَ
Cause	كُوزْ	Sab-beb	جَعَل . سَبَّب
Certify	سِرْتِفَايْ	She-hed, *esh-had*	شَهد
Change	تْشِينْج	Ghay-yar	بدّل . غيّر
Chat	تْشَاتْ	Tahhâdas	تحادث
Cheat	تْشِيْتْ	Ghash, *ghesh*	غَشّ
Civilize	سِفِلَايْزْ	Mad-den	مَدّن
Claim	كْلَايِمْ	Tâleb	طالَب
Clean	كْلِينْ	Nad-dâf	نَظّف
Close	كْلُوزْ	Qa-fal, *eqfel*	قَفَل
Collect	كُلِّكْتْ	Gamaʿ, *egmaʿ*	جَمَع
Comfort; Console	كُمْفُرْتْ	ʿaz-za, *ʿazzi*	عَزّى
Command	كُمَانْدْ	Amar, *eêmor*	أمَر
Commence	كُمِنْس	Eb-tada, *ebtedi*	إبتدأ
Communicate with	كُمْيُنِكِيتْ	Khâber	خابر . كاتب . إتصل بـ
Caress	كارِسْ	Lataf, *latef*	لاطف
Celebrate	سِيلِبْرِتْ	Ehtafal, *ehtefel*	احتفل

Communicate	كُمْيُنِكَيِتْ	Was-sal	وَصَّل
Compare	كُمْپِيرْ	Qâren	قارِن
Complain of	كُمْپلاِيْن	Esh-taka men	اشتكي من
Complete	كُمْپلِيتْ	Kam-mel	تَمّم . كَمّل
Conduct; Lead	كُنْدَكْتْ	Qâd, *qood*	أرشَدْ . قاد
Confess	كُنْفِسّ	E'taraf, *e'teref*	إعتَرف
Confirm	كُنْفِيرْم	Sab-bet, Akked	أكّد . أثبَت
Congratulate	كُنْجُرَتْيُلايِتْ	Han-na, *hanni*	هَنّأ
Consent to	كُنْسِنْتْ تُ	Qebel, *eqbal*	رَضي بِ . قَبِل
Consider	كُنْسِيدَرْ	E'ta-bar, *e'teber*	تأمّل . إعتبَر
Consist of	كُنْسِسْتْ أُفْ	Etrak-keb men	تَركّبَ مِن
Consult	كُنْسَلْتْ	Shâwer	استَشار . شاوَر
Contain	كُنْتَيِنْ	Ehhta-wa 'ala	احتَوى على
Content	كُنْتِنْتْ	Ar-da, *erdi*	أرْضَى
Continue	كُنْتِنْيُ	Estamarr, *estamerr*	إستَمَرّ
Contradict	كُنْتْرِدِكْتْ	Khâlef; Nâqed	ناقَض . خالف
Convince	كُنْفِنْسْ	Aq-na', *eqne'*	أقنَع
Cook	كُكْ	Ta-bakh, *et-bokh*	طَبَخ
Confuse	كُنفيُوز	Hày'yara, *hây'yer*	حيّر
Consume	كُنسْيُوم	Estahlak, *estahlek*	إستهلك

Copy	كـَپِ	Na-sakh, *ensakh*	نَسَخ
Correct	كُرْرِكْتْ	Sal-lahh	صَلّح
Corrupt	كُرْرَپْتْ	Af-sad, *efsed*	أفسَد
Count	كَاوُنْتْ	‛add, ‛*edd*	عَدّ
Cover	كُفَرْ	Ghat-ta, *ghat-ti*	غَطَّى
Create	كْرِيِتْ	Kha-laq, *ekh-lak*	خَلَق
Cross, Traverse	كُرُسْ	‛ad-da, ‛*ad-di*	إجْتاز . عَدّى
Cry	كْرَايْ	Sa-rakh, *es-rokh*	صَرَخ
Cure, Heal	كيُوْر . هِيلْ	Sha-fa, *esh-fi*	شَفَى
Dance	دَانْسْ	Ra-qas, *erqos*	رقص
Date	دِيتْ	Ar-rakh, Tar-rakh	أرَّخ
Deceive	دِسِيْفْ	Ghash, *ghesh*	خدع . غشّ
Decide	دِسَايْدْ	Sam-mem	عَزَم . صَمَّم
Decline	دِكْلاَيْنْ	Aba, Etnah-ha	تَنَحَّى . رفَضَ . أبَى
Decrease	دِكْرِيسْ	Ne-qes, *naq-qas*	نقص
Delay	دِلِيَ	Et-akh-khar	تأخَّر . توانى
Deliver, (save)	دِلِفَرْ	Auqaz, *enqez*	أنقَذ
„ , (hand over)	, »	Sal-lem	سَلَّم
Demand	دِمَانْدْ	Sa-al, *es-al* Ta-lab, *et-lob*	طلَب . سَأل
Connect	كنِكْتْ	Wassal, *ewsel*	وصّل
Decorate	دِكُرِتْ	Zay'yen	زيّن

Depart	دِپَارْتْ	Sâfer; Râhh, *rooh*	سافر . راح
Deprive of	دِپْرَايْفْ	Hha-ram, *ehh-rem*	جرّد . حرم
Descend	دِسَنْدْ	Ne-zel, *en-zel*	نزل
Desert	دِزَرْتْ	Tarak, *etrok*	هجر . هرب . ترك
Deserve	دِزَرْفْ	Estahhaq	استحق
Desire	دِزَيَرْ	Esh-taha, *esh-tihi*	اشتهى
Die	دَايْ	Mât, *moot*	مات
Digest	دَيْجَسْتْ	Ha-dam, *eh-dom*	هضم
Direct	دَيْرِكْتْ	Ar-shad, *ershed*	أرشد
Disappear	دِسَپِيرْ	Ekh-tafa, *ekhtefi*	اختفى
Discover	دِسْكَفَرْ	Ek-tashaf, *ekteshef*	اكتشف
Dislike	دِسْلَيْكْ	Ka-rah, *ek-rah*	كره
Distinguish	دِسْتِنْجُوِشْ	May-yez	ميّز
Distribute	دِسْتْرِبْيُوتْ	Waz-zaʿ; Far-raq	فرّق . وزّع
Disturb	دِسْتِرْبْ	Az-ʿag, *ezʿeg*	ازعج
Divide	دِفَايْدْ	Qas-sem	قسّم
Doubt	دَاوْتْ	Shakk, *shukk*	ارتاب . شك
Dry	دْرَايْ	Nash-shef	نشّف
Damage	دَمَدج	Atlaf, *etlef*	أتلفَ
Deny	دِنَيّ	Ankar, *enker*	أنكرَ

Dwell	دْوِلْ	Seken, *eskon*	قطن . سَكَنَ
Earn, Gain	اِيرْنْ . جِينْ	Re-behh, *erbahh*	كَسبَ . ربح
Economize	إِكُنُمَايزْ	Waf-far	اقْتَصَدَ . وَفَّرَ
Employ	إِمْپْلُويْ	Estakhdem	استَعْمل . استَخْدم
Empty	اِمْتِ	Farragh; Fad-da, *faddi*	فرَّغ
Encourage	إِنْكرِدْجْ	Shag-ga'	شَجَّع
Enjoy	إِنْجُويْ	Etmat-ta'	تَمَتَّع
Enter	اِنْتَرْ	Dakh-khal; Da-khal, *edkhol*	دَخَل
Esteem	اِسْتِيمْ	Ehh-taram, *ehh-terem*	اعتَبر . احتَرم
Exaggerate	إِجْزَدْجِريتْ	Bâlegh	بالغ
Examine	إِجْزَمِنْ	Emta-hhan, *emte-hhen*	فَحص . امتَحَن
Exchange	إِكْسْتْشِينْجْ	Bâdel	بادل
Excite	إِكْسَيْتْ	Hay-yeg	هيَّج
Excuse	إِكْسْكِيُوزْ	Sâmehh	عذر . سامِح
Exile	إِجْزَايِلْ	Na-fa, *enfi*	نَفى
Explain	إِكْسْپْلِينْ	Fas-sar	أَوْضح . فَسَّر
Facilitate	فَسِلِتَيِتْ	Sah-hel	هوَّن . سَهَّل
Fear	فِيرْ	Khâf	خاف
Defeat	دِفِيتْ	Hazam, *ehzem*	هزمَ

Fill	فِـلّ	Ma-la, *emla*	مَلأ
Fine	فَاينْ	Ghar-ram	غَرّم
Finish	فِنِشْ	Khallas	خَلّص
Fix	فِكْسْ	ʻay-yen	حَدّد . عَيّن
Follow	فُـلُ	Ta-baʻ, *etbaʻ*	تَبع . لحَق
Force; Compel	فُرْسْ	Al-zam, *elzem*	ألزم
Gamble	جَامْبْـلْ	Qâmer	قامَر
Gather	جَاذَرْ	Ga-maʻ, *egmaʻ*	لمّ . جَمع
Grant	جْرَانْتْ	Wa-hab, *ew-heb*	منح . وهَب
Guess	جِسّ	Kham-men	حزر . خمّن
Hand	هَانْدْ	Nâwel, Sallem	سَلّم. ناوَل
Hate; Abhor	هِيتْ	Karah, *ekrah*	بغض . كَره
Help; Aid	هِلْپْ	Sâʻed	سَاعَد
Hire	هَيَرْ	Ag-gar	أجّر
Hop	هُپْ	Hha-gal, *ehh-gel*	حَجَل
Hope	هُوپْ	Etʻash-shem	تعشّم . اتعشم
Hunt	هَنْتْ	Estâd	صَاد . إصْطاد
Imagine	إمَجِنْ	Tasaw-war	تصوّر
Imitate	إمِتِيتْ	Qal'led	قلّد
Dye	دَيْ	Sabagh, *esbogh*	صبغ

Imprison	إمْپِرِزُنْ	Sa-gan, *esǵen*	حَبَس . سَجَن
Improve	إمْپْرُوْفْ	Et-hassen, *hassen*	حَسَّن . تحسّن
Increase	إنْكْرِيْسْ	Zâd, *zaw-wed*	إزداد . زَاد
Inform	إنْفُرْمْ	Akh-bar, *ekhber*	أخْبَر
Inherit	إنْهِرِتْ	We-res, *ew-ras*	وَرِثَ
Inquire	إنْكْوَيَرْ	Estaf-hem	استَفْهم
Insult	إنْسَلْتْ	Hhân, *heen*	أهَان
Intend	إنْتِنْدْ	Qa-sad, *eq'sod*	قصَد
Interfere	إنْتَرْفِيْرْ	Tadâ-khal, Etdâkhel	تَداخَل
Interrupt	إنْتَرَّپْتْ	Qâte' (el kalâm	قاطَعَ (الكلام
Introduce to	إنْتْرُدْيُوْس	'ar-raf be	عرَّف بِـ
Invent	إنْفَنْتْ	Ekhtara', *ekh-tere'*	استَنْبط . اختَرع
Invite	إنْفَيْتْ	'a-zam, *e'zem*	دعى . عَزَم
Jest, Joke	دْجِسْتْ . دْچوُكْ	Haz-zar	مزَح . هزَل . هزَّر
Join	دْچوُيِنْ	Râfeq	وصَل . جمَع . رافق
Jump	دْجَمْپْ	Natt, *nott*	قفز . نطّ
Kick	كِكْ	Ra-fas, *erfos*	رَفَس
Kill	كِلّ	Qa-tal, *eqtel*	قتَل
Kiss	كِسْ	Bâs, *boos*	قبّل . باس
Inject	إنْجِكْتْ	Hakan, *ehken*	حقن

Knead	نِيْدْ	ʿa-gan, *eʿgen*	عجَن
Knock at	نُكْ أَتْ	Daq, *doq*	طرَق . قرَع . دَقّ
Laugh at	لَافْ أَتْ	Deh-hek, *ed-hak*	ضَحِكَ على
Lead; Guide	لِيدْ. جَايْدْ	Ar-shad; *er-shed*	أرشَدَ
Leap	لِيْپْ	Natt, *nott*	نَطّ قَفز
Learn	لِرْنْ	Etʿallem	تعَلّم
Lie to	لَايْ (تُو)	Keźeb, *ek-zeb*(ʿala	كَذَبَ(على
Lift	لِفْتْ	Raʹfaʿ, *erʹfaʿ*	رَفَع
Live	لِفْ	ʿâsh, *ʿeesh*	عَاش
Load	لُودْ	Hham-mel, shay-yel	حمّل . شيّل
Look at	لُكْ أَتْ	Naźar, *onźor*	تطلّع . نَظر إلى
Lower	لُوَرْ	Naz-zel	خَفَض . نزّل
Marry	مَرِ	Etgaẃ-wez	زوّج . تزوّج
Masticate	مَسْتِكَيْتْ	Ma-dagh, *emʹdogh*	مَضَغ
Measure	مِجَرْ	Qâs, *qees*	قَاسَ
Mend, Repair	مِنْدْ	Sal-lahh	صَلّح
Miss	مِس	Tâh ʿan	ضَيَّع . ضَلّ . تاهَ عن
Mix	مِكْس	Kha-lat, *ekh-let*	مزَج . خلَط
Move	مُوفْ	Hhar-rak	تحرك . نَقَل . حرّك
Melt	مِلْت	**Dab,** ***doob***	داب

Neglect	نِجْلِكْتْ	Ah-mal, *ehmel*	أهْمَل
Notice	نوُتِسْ	Lâhhez	لاحَظ
Obey	اُبَى	Tâweʿ	أطَاع . طاوَع
Object to	اُبْجِكْتْ	Khâlef	اعترض على . خالَف
Oblige	اُبْلَيْج	Alzam, *elzem*	عمَل معْروفًا . ألْزَم
Observe	اُبْزَيْرْفْ	Lâhhez	لاحَظ
Occupy	اكْيُپَايْ	Ehh-tall	شغَل . احتلّ
Offend	اُفِنْدْ	Kad-dar	أغاظ . كدّر
Offer	اُفَرْ	Qad-dem	قَدَّم
Open	اوُپَنْ	Fatahh, *ef-tahh*	فتَحَ
Order	اُرْدَرْ	Amar, *eê-mor*	أمَر
Pass	پَاصّ	Fât, *fût*; Marr, *morr*	فاتَ . مَرّ
Perceive	پِرْسِيفْ	Lâhhez	شاهَدَ . لاحَظَ
Persuade	پِرْسِوِيدْ	Aqnaʿ, *eqneʿ*	أقنَع
Pick out	پِكْ أوتْ	Ekhtâr	انتخَب . اختار
Pick up	« أپْ	Eltaqat, *elteqet*	التقَط
Place	پْلِيسْ	Wadaʿ, *ew-daʿ* Hatt, *hutt*	وضَع
Play	پْلِيَ	Le-ʿeb, *el-ʿab*	لَعِبَ
Oppose	أپُوزْ	Kawam, *kawem*	قاوَم
Obtain	أبْتِينْ	Akhad, *khod*	أخذ

Please	پْلِيزْ	Sarr, *sorr*; Ba-sat, *eb-set*	أَرْضَى . سرَّ
Possess	پِزِسّ	Melek, *em-lok*	إقتنى . ملك
Prefer, to	پْرِفِيرْ تو	Fad-dal ʿala	فضَّل على
Prepare	پْرِپِيرْ	Hhad-dar	هيَّأ . حضَّرَ
Present	پْرِزِنْتْ	Qad-dem	أَحْضَر . قدَّم
Pretend	پْرِتَنْدْ	Ed-daʿa; *ed-deʿi*	إدَّعَى
Prevail	پْرِڤِيل	ʿamm	سَادَ . عَمَّ
Prevail, on	» أُنْ	Aq-naʿ, *eq-neʿ*	أقْنَعَ
Prevent	پْرِڤِنْتْ	Ma-naʿ, *em-naʿ*	منَعَ
Print	پْرِنْتْ	Ta-baʿ, *et-baʿ*	طبَعَ
Produce	پْرُدْيُوسْ	Antag, *enteg*	استَخْرَجَ . أَنْتَجَ
Promise	پْرُمِزْ	Wa-ʿad, *ew-ʿed*	وعَد
Protect	پْرُتِكْتْ	Hha-ma, *ehh-mi*	دافَع عن . حَمَى
Prove	پْرُوڤْ	Bar-han	بَرْهَنَ
Pull	پُلّ	Garr, *gorr*	سَحَبَ . جرَّ
Punish	پَنِشْ	ʿâqeb	عَاقَب
Push	پُشّ	Zaq, *zoq*	دفَعَ . زَقَّ
Quarrel	كْوَرِلْ	Etshâger	تخاصَم . تشَاجرا
Paint	پينت	Dahan, *edhen*	دهَنَ
Pour	پاوَر	Kub, *kob*	كبَّ

هدية (10)

Receive	رِسِيْڤْ	Es-talam, *es-telem*	اسْتَلَم
Refuse, Decline	رَفِيُوزْ	Rafad, *erfod*	أبَى . رفَض
Register	رِچِسْتَرْ	Sag-gel	سَجَّل
Regret	رِجْرَتْ	Etnad-dem	ندِمَ . تندَّم
Remark, Observe	رِمَارْكْ	Lâ-hhez	لاحَظَ
Remind	رِمَايْنْدْ	Zak-kar	ذَكَّر
Render	رِنْدَرْ	Ga-ʿal, *egʿal*	خلّى . صَيَّر . جَعل
Reproach	رِپْرُوتْشْ	Lâm, *loom*	عَيَّرَ . لامَ
Resemble	رِزَمْبِلْ	Shâ-beh	ماثَل . شَابه
Resign	رِزَايْنْ	Estaʿ-fa	اسْتَقال . اسْتَعْفى
Resolve	رِزُلْفْ	ʿa-zam ʿala	عزم على
Rest	رَسْتْ	Ertâhh	ارْتاح
Result	رِظَلْتْ	Natag	نتج
Return	رِتِيَرْنْ	Rag-gaʿ, Re-geʿ, *ergaʿ*	رَجِعَ
Revenge	رِڤَنْچ	Enta-qam, *ente-qem*	انتقم
Reward	رِوِيَرْدْ	Kâfâ, *kâfi*	جازَى . كافأ
Rub	رَبْ	Fa-rak, *ef-rok*	دَلَّك . فرك
Satisfy	سَتِسْفَايْ	Ar-da, *er-di*	أقْنَع . أرْضَى
Resist	رِزِيسْت	Kawem	قاوَم
Scold	سكولْد	Shatam, *eshtem*	شتمَ . انتهر

Save	سَيِفْ	Nag-ga, *naggi*	خَلَّص . نَجَّى
Separate	سِپَرَيِتْ	Far-raq	فَصَل . فَرَّق
Shave	شَيِفْ	Hha-laq, *ekh-laq*	حَلَق
Shiver	شِفَرْ	Erta-ʿash	اِرْتَجَف . اِرْتَعَش
Shout	شَاوْتْ	Sa-rakh, *es-rokh*	صاحَ . صَرَخ
Show	شُو	Az-har, *ezher* War-ra, warri	أرى(وَرَّى). اظهر
Sign	سَايْن	Am-da, *emdi*	وقَّع على . أمْضَى
Skin	سْكِن	Sa-lakh, *es-lokh*	سَلَخ
Smell	سْمِل	Shamm, *shemm*	شَمّ
Solve	سُلْف	Hhall, *hhell*	حَلّ
Spell	سْپِل	Et-hag-ga	تَهَجَّى
Squeeze	سْكوِيز	ʿa-sar, *eʿ-sor*	عَصَر
Stay	سْتَي	Makas, *emkos*; Fedel, *efdal*	مَكَث
Stop	سْتُپْ	We-qef, *oqaf*	وَقِف
Succeed	سَكْسِيدْ	Fâz, *fooz* Nagahh, *engahh*	نَجَح . فَاز
Suffer	صَفَر	Et-allem	تَألَّم
Swallow	سْوَلُ	Balaʿ, *eblaʿ*	بلع
Swell	سْوَلّ	We-rem	انتفخ . وَرِم
Salute	سالُوت	Sallem	سلّم
Stir	سْتِير	Harrak, *harrek*	حرّك

Swoon, Faint	سُوُوْنْ	Ghe-mi	غُشِيَ عليه . غُمِيَ
Taste	تْيِسْتْ	Dâq, *dook*	ذَاقَ
Tempt	تِمْتْ	Agh-ra; *egh-ri*	جَرَّب . أَغْرى
Threaten	ثْرِتْنْ	Had-ded	هَدَّد
Tie	تَايْ	Ra-bat, *er-bet*	رَبط
Tire	تَيِرْ	At-ʿab, *et-ʿeb*	أَتْعَب
Treat	تْرِيتْ	ʿâmel	تَصرَّف ، عالَجَ ، عامَلَ
Trust	تْرَسْتْ	Estâ-men	وَثِقَ من . اسْتأمَنَ
Try	تْرَايْ	Gar-rab	امتحَنَ . جرَّبَ
Turn	تَيِرْنْ	Daw-war; Dâr, *door*	دارَ . دوَّر
Turn away, out	« آوْتْ	Ta-rad, *et-rod*	طَرَدَ
Turn over	« اوُڤَرْ	Qa-lab, *eqleb*	قَلَبَ
Unite	يُنَايْتْ	Wah-hed	اتّحد . وَحّد
Use	يُوْزْ	Estaʿ-mel	استَعْمَل
Value, Esimate	ڤَلْيُ	Tam-men	قَدَّر . ثَمَّنَ
Vex	ڤِكْسْ	Zaʿ-ʿal; Ghâz, *gheez*	زَعَّل . أغاظَ
Visit	ڤِزِتْ	Zâr, *zoor*	زارَ
Wait	وِيْتْ	Se-ber, *es-bor* Enta-zar, *ente-zer*	انتظَرَ . صَبر
Suffocate	سَفُوكِيت	Fetess, *fàt'tas*	خنقَ . اختنقَ
Testify	تِيستِيفَي	Shahad, *eshhad*	شهدَ

Walk	ووُكْ	Me-shi, *em-shi*	مَشَى
Want	وُنْتْ	Arâd, ʻâz	إِحْتَاجَ . أرادَ . عازَ
Warm	ووُرْمْ	Sakh-khan, *sakh-khen*	سَخَّنَ
Warn	ووُرْنْ	Hhaz-zar	حَذَّر . أنذر
Wash	وَاشْ	Gha-sal, *egh-sel*	غَسَل
Watch	وَتْشْ	Râ-qeb	سَهِر . رَاقِب
Weigh	وِيَ	Wa-zan, *ew-zen*	وَزَن
Wet	وِتْ	Ball, *bell*	بَلَّ
Whisper	وِسْپَرْ	Wash-wesh	وَشْوَش . هَمَس
Whistle	وِسِلْ	Saf-far	صَفَّر
Win	وِنْ	Ke-seb; *ek-sab*	كَسَبَ . رَبِحَ
Wind	وَايْنْدْ	Laff; *leff*	لَفَّ . برمَ
Wipe	وَايْپْ	Ma-sahh; *em-sahh*	مَسَحَ
Wish	وِشْ	Etman-na	أرادَ . تَمَنَّى
Wonder, at	ووُنْدَرْ	Etʻag-geb	اسْتَغرب . تَعَجَّب من
Work	وِيرْكْ	Eshta-ghal	اشْتَغَل
Wound, (on)	ووُنْدْ	Ga-rahh, *eg-rahh*	جَرَحَ (في)
Wrap	رَابْ	Laff, *leff*, Sarr, *sorr*	صَرَّ . لَفَّ
Vow	ڤُو	Nadar, *ender*	نَذرَ
Welcome	وِلْكَم	Rah'hab, *rah'heb*	رحَّبَ

Irregular Verbs. أفعال شاذَّة (١)

Abide, *Abode*	أبَايْدْ . أبُودْ	Aqâm, Se-ken, *eskon*	سَكَنَ . أقام
Arise, *Arose*	أرَايز . أروز	Qâm, *qoom*	نَهَضَ . قَامَ
Awake, *Awoke*	أوِيك . اووك	Se-hhi, *es-hha*	إستَيْقَظَ . صَحّى
Beat, *Beat*	بِيْتْ	Da-rab, *ed-rab*	غلبَ ؛ ضَرَبَ
Become, *Became*	بِكَمْ	Sâr, *seer*	لاقَ بـِ . صَارَ
Begin, *Began*	بِجنْ . بِجَان	Ebta-da, *eble-di*	إبتَدَأ
Bet, *Bet*	بَتْ	Râhen	رَاهَنَ
Bind, *Bound*	بَايْنْدْ . بَوُنْدْ	Ra-bat, *er-bot*	رَبَطَ
Bite, *Bit (on)*	بَايْتْ . بِتْ	ʿadd, *ʿodd*	عَضَّ (في)
Blow, *Blew*	بْلو . بْلوه	Na-fakh, *en'fokh*	هَبَّ . نَفَخَ
Break, *Broke*	بْرِيك . بْرُوك	Ka-sar, *ek'sar*	كَسَرَ
Bring, *Brought*	برِنج . بْرُوطْ	Gâb, *geeb*	أحْضَرَ . جَابَ
Build, *Built*	بِلْد . بِلْتْ	Ba-na, *eb-ni*	بَنَى

---

(١) الأفعال الشاذَّة هي التي لا يُصاغ ماضِيها بزيادة ed إلى المَصْدر كالأفعال القياسية السابقة ، ولذلك وضعْنا ماضِي كل فعل انكليزي أمامه بأحْرُف مائلة .

(تنبيه) لزيادة الفائدة ننبه المتعلم الى أن يبذل جُهْدَه في دَرْس هذه الأفعال وحِفْظها جيِّداً نظراً لأهمّيتها وكثرة استعمالها .

Burn, *Burnt*	بيرن	Hha-raq, *ehh-raq*	حَرَق
Buy, *Bought*	بايْ . بوطْ	Esh-tara, *esh-teri*	إشْتَرى
Can, *Could*	كانْ . كدْ	Qe-der, *eq-dar*	قَدَرَ
Catch, *Caught*	كاتْشْ . كوتْ	Me-sek, *em-sek*	مَسَكَ
Choose, *Chose*	تْشوزْ . تْشوزْ	Ekhtâr	انتَخَبَ . اخْتارَ
Come, *Came*	كَمْ . كيمْ	Ega, ga, ata, *taʿâla*	أتى . إجَى
Cost, *Cost*	كسْتْ	Sâwa	كَلَّفَ . ساوى
Cut, *Cut*	كَطّ	Ca-taʿ, *eq-taʿ*	قَطَعَ
Dare, *Dared*	ديَر . ديَرْدْ	Etgâ-ser	تجاسَر
Deal, *Dealt* (with)	دِيلْ . دِلْتْ	ʿâmel	عامَل
Dig, *Dug*	دِجْ . دَجْ	Fa-hhat, *ef-hhat*	حَفَر . فَحَت
Do, *Did*	دُوْ . دِدْ	ʿa-mal, *eʿ-mel*	فَعَلَ . عَمِلَ
Draw, *Drew*	دْرو . دْروْ	Ra-sam, *er-sem* Garr, *gorr*	جَرَّ ؛ رَسَمَ
Drink, *Drank*	دْرِنْك . دْرَانْكْ	She-reb, *esh-rab*	شَرِبَ
Drive, *Drove*	دْرَايْفْ . دْرُوفْ	Sâq, *sooq*	ساقَ
Eat, *Ate*	اِيتْ . ايتْ	Akal, *kol*	أكَلَ
Fall, *Fell*	فولْ . فِلْ	We-qeʿ, *ew-qaʿ*, *o-qaʿ*	وَقَعَ
Feed, *Fed*	فِيدْ . فِدْ	Wak-kel	أَطْعَمَ . وَكَّلَ

Feel, *Felt*	فِيلْ . فِلْتْ	Hhass, *hhess*	شَعَرَ . حَسّ
Fight, *Fought*	فايْتْ . فوطْ	Etshàger	تحارَب . تشاجَر
Find, *Found*	فاينْد . فاونْدْ	Laqa, *lâqi*	وجَدَ . لَقى
Flee, *Fled*	فْلِي . فْلَدْ	Ha-rab, *eh-rab*	هَرَبَ
Fly, *Flew*	فلايْ . فلوْ	Târ, *tîr*	طارَ
Forget, *Forgot*	فُرْجِتْ . فُرْجُتْ	Ne-si, *en-sa*	نَسِيَ
Forgive, *Forgave*	فُرْجِفْ . فُرْجيِفْ	Sâmehh	سَامَحَ
Get, *Got* [1]	جِتْ . جُتْ	Akhad, *Khod*, Hhas-sal	أخذَ . حَصّل
Give, *Gave*	جِفْ . جْيِفْ	Ed-da, *ed-di*	أعْطَى . أدَّى
Go, *Went*	جو . وِنْتْ	Râhh, *roohh*	ذَهَبَ . رَاحَ
Grind, *Ground*	جْرَايْنْدْ . جْراونْدْ	Ta-hhân, *et-hhan* Sann, *sinn*	سَنّ . طَحَن
Grow, *Grew*	جْرو . جْرُوْ	Na-ma, *en-mi*	نَما
Hear, *Heard*	هِير . هيَرْدْ	Se-me', *es-ma'*	سَمِعَ
Hide, *Hid*	هَايْد . هِدْ	Khab-ba, *khab-bi*	خَبّأ
Hold, *Held*	هُولْدْ . هِلْدْ	Me-sek, *em-sek*	مَسَكَ
Hurt, *Hurt*	هيِرْتْ	Aza, *eêzi*	أضرّ . اذى

Keep, *Kept*,	كِيبْ . كَپْتْ	Hha-faz, *ehh-faz*	حَفِظَ
Kneel, *Knelt*	نِيْلْ . نَلْتْ	Raka', *er-ka'*	رَكَعَ
Know, *Knew*	نُو . نيُو	'e-ref, *e'-raf*	عَرَفَ
Lay, *Laid*	لِيَ . لِدْ	Hhatt, *hhott*	وَضَعَ . حَطَّ
Lead, *Led*	لِيْدْ . لِدْ	Qâd, *qood*	قَادَ
Leave, *Left*	لِيْفْ . لِفْتْ	Sâb, *seeb*	تَرَكَ . سَابَ
Lend, *Lent*	لَنْدْ . لِنتْ	Sal-leff	سَلَّفَ . أَقْرَضَ
Let, *Let*	لَتْ	Khal-la, *khalli*	تَرَكَ . خلى
Lie, *Laid*	لَايْ . لِيَدْ	Ra-qad, *er-qod*	رَقَدَ
Lose, *Lost*	لُوزْ . لُسْتْ	Day-ya'	فَقَدَ . ضَيَّعَ
Make, *Made*	مِيكْ . مِيَدْ	'amal, *e'mel*	عَمَلَ
Mean, *Meant*	مِيْنْ . مَنْتْ	Qa-sad, *eq-sod*	قَصَدَ
Meet, *Met*	مِيتْ . مِتْ	Qâbel	قَابَلَ
Pay, *Paid*	بِيَ . بِيَدْ	Da-fa', *ed-fa'*	دَفَعَ
Put, *Put*	بُتْ	Hhatt, *hhott*	وَضَعَ . حَطَّ
Read, *Read*	رِيدْ . رَدْ	Qa-ra, *eq-ra*	قَرَأَ
Ride, *Rode*	رَايْدْ . رُودْ	Re-keb, *er-kab*	رَكِبَ
Ring, *Rang*	رِنْجْ . رَنْجْ	Daqq, *doqq*	دَقَّ (الجرس)
Freeze, Froze	فريز . فروز	Guemed	جمدَ . تجلّد
Frozen	فروزن	Et'tal'leg(اسم المفعول)	متجمد بالبرودة

Rise, *Rose*	رَايْز. رُوْز	Qâm, *qoom*	قام
Run, *Ran*	رَنْ. رَانْ	Ge-ri, *eq-ri*	جَرَى
Say, *Said*	سِيَ . سِيَدْ	Qâl, *qool*	قَال
See, *Saw*	سِيْ. سُوْ	Shâf, *shoof*	نظَر . شَاف
Sell, *Sold*	سِيلْ. سُولْدْ	Bâʿ, *beeʿ*	بَاع
Send, *Sent*	سِنْد . سِنْتْ	Shay-yaʿ	أَرْسَل . شَيَّع
Shake, *Shook*	شِيك. شُكْ	Hazz, *hezz*	هزّ
Shine, *Shone*	شَايْن. شُوْنْ	La-maʿ, *lam-maʿ*	ضَوَى . لمع
Shoot, *Shot*	شُوتْ . شُتْ	Eṣtâd	اصْطَادَ
Shut, *Shut*	شَطْ	Qafal, *eq-fel*	قفل
Sing, *Sang*	سِنْجْ. سَنْجْ	Ghan-na, *ghan-ni*	غَنَّى
Sit, *Sat*	سِتْ . سَاتْ	Qaʿad, *eq-ʿod*	جَلَس . قعد
Sleep, *Slept*	سْلِيپْ . سْلِپْتْ	Nâm	نَام
Slide, *Slid*	سْلايْدْ. سْلِدْ	Etzahh-laq	زَلَق . تزَحْلَقَ
Speak, *Spoke*	سْپِيكْ. سْپوكْ	Etkal-lem	تكَلَّم . إتكَلَّم
Spread, *Spread*	سْپرِدْ	Na-shar, *en-shor*	نَشَر
Spend, *Spent*	سْپَنْدْ. سْپِنْتْ	Sa-raf, *eṣ-rof*	صَرَف
Spring, *Sprang*	سْپرِنجْ. سْپرانجْ	Natt, *nott*	نَطّ
Hit	هِت	Khabat, *ekhbat*	خبَط
Lead	لِيْد	Kad, *kood*	قاد

Stand, *Stood*	ستاندْ . سْتدْ	We-qef, *oq-af*	وقفَ
Steal, *Stole*	سْتِيلْ . سْتُولْ	Sa-rak, *es-raq*	سَرَقَ
Stick, *Stuck*	سْتِكْ . سْتَكْ	La-zaq, *el-zaq*	الصَقَ . لزَق
Sting, *Stung*	سْتِنْجْ . سْتَنْج	Qaras, *eq-ros*	قَرَصَ
Strike, *Struck*	سْترايْكْ . سْترَكْ	Kha-bat, *ekh-bat*	ضَرَبَ . خَبَط
Swear, *Swore*	سْوِيَرْ . سْوُورْ	Hhelef, *ehh-lef*	حَلَفَ
Sweep, *Swept*	سْوِيْپْ . سْوِپْتْ	Ka-nas, *ek-nos*	كَنَس
Swim, *Swam*	سْوِمْ . سْوَامْ	ʿâm, *ʿoom*	عامَ
Take, *Took*	تِيكْ . تُكْ	Akh-ad, *khod*	أخَذَ
Teach, *Taught*	تِيْتْشْ . تُتْ	ʿal-lem	علَّمَ
Tear, *Tore*	تْيَرْ . تُورْ	Shar-mat, maz-zak	مزَّق . شَرْمَطَ
Tell, *Told*	تِلْ . تُولْدْ	Qâl, *qool*	أخْبَرَ . قالَ
Think, *Thought*	ثِنْكْ . ثُتْ	Eftakar, *efteker*	ظنَّ . افتكر
Throw, *Threw*	ثْرُو . ثْرُو	Ra-ma, *er-mi*	رمَى
Wear, *Wore*	وِيَر . وُورْ	Lebes, *elbes*	لَبِسَ
Weep, *Wept*	وِيْپْ . وِپْتْ	ʿayyat	بَكَى . عيَّط
Win, *Won*	وِنْ . وُنْ	Keseb, *eksab*	كَسَبَ
Write, *Wrote*	رَايْتْ . رُوتْ	Ka-tab, *ek-teb*	كَتَبَ
Seek. Sought	سِيك . سوط	Talab, *etlob*	طلَبَ
Wet	وِت	Ball, *bel*	بلَّ

Short and familiar phrases.

Come here, my friend.	كَمْ هِيرْ ، مَايْ فرَنْدْ
Come up, dear George	كَمْ أَبْ ، دِيرْ جُورْجْ
Come in, my father.	كَمِنْ ، مَايْ فاذَرْ
Do not come to-day	دُنْتْ كَمْ تُدَيْ
Tell him to come soon.	تِلْ هِمْ تُ كَمْ سُونْ
Who told you to come?	هُوْ تولْدْ يُ تُ كَمْ
How did you come?	هَاوْ دِدْ يُ كَمْ
I came on horseback.	آيْ كَيمْ اُنْ هُورْسْ باكْ
I came on foot.	» » » فُتْ
I came in a carriage.	» » إِنْ اَ كَرِدْجْ
I came in a car.	» » » اَ كَارْ
Has he come to-day?	هَازْ هِيْ كَمْ تُدِيَ
He will come to-morrow.	هِيْ وِلْ كَمْ تُمُرُو
When will he come (*or be*) back?	وَنْ وِلْ هِيْ كَمْ بَاكْ
He will be back in an hour.	هِيْ وِلْ بِيْ بَاكْ إِنْ آنْ أَورْ
When did you come?	وَنْ دِدْ يُ كَمْ
Come with me to the garden.	كَمْ وِذْ مِ تُ ذِ جَارْدَنْ
Go with him.	جُو وِذْ هِمْ
I have an appointment	آيْ هاف أن أَبُيْنْتْمِنت
I am leaving today	أيام لِيفينج تودِي

جُمَل صَغيرة مألوفة الاستعمال

Ta'âla hena yâ sâhhibi.	تعالَ هُنا يا صَاحِبي
Etla' yâ 'azîzi Ibrâhim.	إطْلَع يا عَزيزى إبْراهيم
Ed-khol yâ abi, *(or)* abooya.	ادْخُل يا أبويا (أَبي)
Ma-tegeesh en-nahâr-da.	ما تِجيْش (لا تَأْتي) النهارْدَه
Qûl loh yegi hhâlan.	قُل لَه (أن) يجي حَالاً
Mîn qàl lak tegi?	مِيْن قَال لَك (ان) تِجي
Ezzây gêt?	(كَيف أتيت) . إزّايْ جِيْت
Gêt râkeb hhosân.	(أنا) جِيْتْ راكِب حِصَان
Gêt mâshi.	جِيْت ماشِي
Gêt râkeb 'arabiy-ya.	جِيْت رَاكِب عَرَبِيَّة (عَرَبَة)
Gêt râkeb say-yâra	جِيْت راكِب سَيّارَة
Ho-wa ega en-nahârda?	(هَل أتى) هُوَ إجا النَهارْدَه
Rahh yegi bok-ra	رَاح يِجي بُكْرَه
Emta rahh yerga'?	(متى) امتى رَحْ يِرْجَع
Rahh yerga' ba'd sâ'a.	رح يرجع (سيرجع) بعد ساعه
Emta gêt?	امتى (متى) جيت (اتيتَ)
Ta'àla ma'i ila el-genêna	تعالَى مَعي إلى الجنَيْنَة (الحديقة)
Roohh ma'ah *(or)* way-yâh.	رُوحْ وَيّاه (إذهبْ مَعه)
'Andi mi'aad	عندى ميعاد
Ana mashi el-neharda	أنا ماشى النّهارده

Do not go with my son.	دُوْنْتْ جوُ وِذْ مَايْ صَنْ
Go to my house.	جوُ تُ مَايْ هَاوْسْ
He has gone to your farm.	هِيْ هَازْ جوُنْتُ يُوْرْ فَارْمْ
When will you go to school?	وِنْ وِلْ يُ جوُ تُ سْكُوْلْ
To-morrow, or the day after.	تُمُرُ اوْرْ ذِ دَيْ آفْتَر
Where are you going to now?	وِيَرْ آرْ يُ جوُيِنْجْ تُو نَاوْ
Where did he go to?	وِيَر دِذْ هِيْ جوُ تُوْ
Where are you coming from?	وِيَر آرْ يُوْ كَمِنْ فرُمْ
I am coming from my uncle's (house)	
There is nobody there.	ذِيَرْ إِذْ نوُبُدِ ذِيَرْ
Did you go to school?	دِذْ يُوْ جوُ تُوْ سْكُوْلْ
Did I tell you to go?	دِذْ آيْ تِلْ يُ تُ جوُ
I did not go.	آي دِذْ نُتْ جوُ
Who is this gentleman?	هُوْ إِزْ دِسْ جِنْتِلْمَانْ
What is his name?	وَتْ إِزْ هِزْ نِيَمْ
What is the name of this boy?	وَتْ إِزْ ذَ نِيَمْ أُفْ ذِسْ بوُيْ
His name is Mohammed.	هِزْ نِيَمْ إِزْ محمد
He is called Mohammed.	هِيْ إِزْ كوُلْدْ محمد
Who is knocking on the door?	هُوْ إِزْ نُكِنْجْ أُنْ ذَ دوُرْ
I do not understand	آيْ دُو نُتْ أَنْدَرْسْتَانْد
Do you know me?	دُو يُو نو مِي؟

Ma terohhsh maʿ ebni.	ما ترُحْشْ (لا تَذْهَب) مع ابني
Roohh le bêti.	رُوْح (إذْهَب) لبيتي
Ho-wa râhh le ʿezbetak.	هو رَاح (ذَهَب) لِعِزْبَتِك
Emta rahh teroohh el madrassa?	إمْتى رَحْ تروح المدْرَسة ؟
Bokra, aw baʿdoh.	بُكْره (باكِر) أو بعده
Râyehh fên delwaqt?	رايح فين دِلْوَقْت (إلى أين تَذْهَب الآن)
Ho-wa râhh fên?	هُوَ رَاح فين
Enta gâi min-ên?	انتَ جايْ (آتٍ) من أين
Ana gâi min bêt ʿammi.	انا جايْ (أنا آتٍ) من بيْت عَمّي
Mâ fîsh hhad hinâk.	ما فيش حَدّ (لا يُوجَد أحَد) هناك
Enta roḥht el madrassa?	هلْ رُحْت (ذَهَبْت) الى المدرسة
Ana olt lak teroohh?	انا قُلْت لك تروح
Ana ma rohhtesh.	أنا مارُحْتِش (لم أذْهَب)
Meen el khawâga da?	مِيْن (مَنْ) الخواجا دَا (هذا)
Ismoh eêh?	إسمه إيه (ما اسْمُه)
Ism el walad da eêh?	إسْم الولَد دَا ايه (ما اسْم هَذا الولد)
Ismoh Mohammed.	إسْمه محمد
« «	» »
Meen be-yekhabbat ʿala el bâb?	مِيْن بيِخْبَط على الباب
Mosh fahem. La afham	مش فاهم . لا أفهم
Hal taʿrefni	هل تعرفني

Who taps (knocks on) at the door?
هُوْ تَپْس (نُكْس) آتْ ذَ دوُرْ

Is Mr. Habeeb here?
إزْ مِسْتِرْ چوُنْ هِيرْ

No, he is not here?
نُو هِيْ إزْنتْ هِيرْ

He is just gone out
هِيْ إزْ جَسْتْ چوُنْ (كوُنْ) آوْتْ

Where did he go to?
وِيرْ دِدْ هِيْ جوُ تُ

He went to see his brother.
هِيْ وِنْتْ تُ سِي هِزْ بْرَذَرْ

He won't be long.
هِيْ وُنْتْ بِيْ لُنْج

What do you say?
وَتْ دُ يُ سِيَ

I say nothing.
آيْ سِيَ نَثِينْج

Who knows how the teacher is?
هُوْ نوُزْ هَاوْ ذَ تِيتْشَرْ إزْ

We have not heard about him.
وِيْ هَافْ نُتْ هِيَرْدْ أبَاوْتْ هِمْ

Do you know my brother?
دُوْ يُوْ نُو مَايْ بْرَذَرْ

No, I don't know him
نُو آيْ دُنْتْ نوُ هِمْ

What do you want?
وَتْ دُ يُ وُنْتْ

What does he eat?
وَتْ دَزْ هِيْ اِيْتْ

What are you looking for?
وَتْ آرْ يُ لُكِنْ فوُرْ

I am looking for my hat.
أيَمْ لُكِنْ فوُرْ مَايْ هَاتْ

Here it is.
هِيرْ إتِزْ

I love you very much
آيْ لَفْ يُو فِرِي مَتْش

I don't like him
آيْ دُونت لَيْك هِيم

Meen be-yekhabbat ʿala el baab ?	مِيْن بِيخَبَّط على الباب
Is-say-yed Habib hena ?	(هَلْ) السيِّد حَبِيْب هنا
La, ho-wa mosh hena.	لا هوَ مُش (ليس) هنا
Kharag del-waqt.	خَرَج دِلْوقْت (الآ ن)
Râhh fên ?	راح فين (ذهَب الى أيْن)
Râhh ye-shoof akhooh.	رَاح يشُوف أخوه
Mosh rahh yeʿaw-waq.	مُشْ رَح يعَوَّق
Bet-ool eêh ?	(ماذا تَقُول) بتقول ايه
Ma ba-olsh hhâ-ga.	(لا اقول شيئاً) ما بقُلْش حاجة
Mîn yeʿraf ezzây el moʿallem ?	مين يعرف إِزَّيّ (كيف) المعلّم
Ma semeʿnâsh ʿannoh hhâga.	ما سَمِعناش عنه حاجَة
Teʿraf akhooya ?	(هل) تعرف (أخي) أَخُوْيا
La, âna ma aʿrafoosh.	لا - أنا ما أعْرَفْش (لا أعْرِفه)
Enta ʿâwez êh ?	انت عاوِز إيه ؟ (ماذا ترِيْد)
Howa biyakûl eêh ?	هو بياكل إيه (ماذا يأْكُل)
Betfattish ʿala êh ?	عمَّا تفَتِّش ؟ بِتْفَتِّشْ على إيه
Ana bafattish ʿala bornêṭ-ti.	أنا بفَتِّش على برنيطتي
Ahê	(ها هي) . أَهي
Aheb'bak âwi	احبك قوى
Ma aheb'boosh	لا احبه

This is dangerous. ذِسْ إِزْ دِينْجَرُسْ

Do not touch this. دُونْتْ تَطْشْ ذِسْ

If you touch it, you die. إِفْ يُ تَطْشْ إِتْ ، يُ دَايْ

Are you free to-morrow? آرْ يُوْ فْرِيْ تُمُرُ

Did you see my father? دِدْ يُوْ سِيْ مَايْ فاذَرْ

He was here an hour ago. هِيْ وُوزْ هِيرْ آنْ أَوَرْ أَجُو

Do you know where he has gone to? دُو يُوْ نُو وِيرْ هِيْ هَازْ جُونْ تُو؟

No, I do not know. نُو - آيْ دُونْتْ نُو

Do you understand what I say? دُ يُوْ أَنْدَرْ سْتَانْدْ وَتْ آيْ سِي

Do you know our neighbour? دُ يُوْ نُو أَوَرْ نِيبَرْ

Yes, I know him very well. يَيسْ آيْ نُو هِمْ فِرِ وَلْ

He is my friend. هِيْ إِزْ مَايْ فْرِنْدْ

He is my acquaintance but not my friend.

Why don't you answer? وَايْ دُونْتْ يُ آنْسَرْ

What do you mean? وَتْ دُي يُ مِينْ

Where have you been? وِيرْ هَافْ يُ بِينْ

Do you hear what I say? دُي يُ هِيرْ وَتْ آيْ سِي

Make haste. مِيكْ هِيسْتْ

Don't forget دُنْتْ فُرْجِتْ

Show me your idently card شُو مِي يُور أَيْدِنْتِيتِي كَرْدْ

Da kháter.	هذا (دَا) خَطِر
Matelmes-sh da.	لا تَلمِسْ هَذا . ما تلْمِسْشِ دَا
Eza lamastú temût.	إذا لَمسْته تمُوْت
En-ta fâdi bok-ra ?	إنْتَ فاضِي بُكرَه
Enta shoft abooýa ?	انت شُفْت أبُوْيا . (هَل رَأيْت أبي)
Kân hena men moddét sâʿa.	كَان هنا من مدّة (منْذ) سَاعة
Teʿraf râhh fên ?	(هَلْ) تَعرف (إلى أين ذَهَب) رَاح فَين
La, ana ma aʿrafsh.	لا - أَنا ما أعْرَفْش
En-ta fâhem ana ba-ool eêh ?	انتَ فاهِم أنا بَقُول إيه . (ماذَا اقُول)
Enta teʿraf gârna ?	انتَ (هَلْ) تَعْرف جارْنا
Naʿam, ana aʿrafoh tay-yeb.	نَعَم أنا أعْرِفه طَيّب
Ho-wa sâhh-bi.	هُوَ صَاحِبي
Howa meʿref-ti, mosh ṣâhh-bi.	هُو معْرفْتِي ، مُشْ صَاحبي
Lêh ma bet-rod-desh ?	ليه ما بِتْرُدِّشْ . (لماذا لا تجِيب)
Teq-sod eêh ?	تقْصُد إيه . (ماذَا تَعْني)
Kont fên ? Wên Kunt	(أين كُنْتَ) . كُنْتَ فيْن (في أين)
Enta sâmeʿ ana ba-ool eêh ?	أنتَ سامِع أنا بقُول إيه . (ماذا أقُول)
Estaʿgel !	إسْتَعْجِل . اسْرِعْ
La tansa	لا تنسى
Warrini betaket el shakhsi'yah	ورِّيني بطاقة الشخصية

Look out!	لُكْ أوْتْ
Stay (Keep) away!	كِيبْ أوَيْ
Never mind.	نِفَرْ مَايِنْدْ
Excuse me?	إِكْسكْيُوزْمِ
I pray you.	آيْ بْرِي يُو
Pray, (or please,) tell me.	پْلِيزْ تِلْ مِ
Thank you.	ثَانْكْ يُ
You are welcome.	يُ آرْ وِلْكَمْ
Take care, *or*, Be careful.	تيك كير
Wait for me.	وِيتْ فُورْمِي
I want you to-day.	آيْ وُنْتْ يُ تُدِي
What for?	وَتْ فُورْ
I am very sorry, I cannot come.	آيْمْ فِرِ سرِ ....
Give it to me, if you please.	جِفِتْ تُ مِيْ - إِفْ يُ پْلِيزْ
Rely on what I said to you.	رِلَايْ أُنْ وَتْ آيْ سِدْ تُ يُ
I offer it to you willingly.	آيْ أُفِرِتْ تُ يُوْ وِلِنْجْلِ
You have no need to ask him.	يُ هَافْ نُو نِيدْ تُ آسْكْ هِمْ
Pray don't disturb yourself.	بْرِيَ دُنْتْ دِسْتِيرْب يُوْرْ سِلْفْ
Do me a favour	دُو مِي إِ فِيْفَرْ
Turn to the left (*or* right)	تِيرْنْ تُ زِ لِفت (أر رايت)

Khud bâlak; Entebeh!	خُذْ بالَك. التفِتْ. انتبه!
Khallîk ba'îd!	خَلّيك بَعيد. إبْعِد
Ma'lehsh.	مَعْليهْش! ما عَليك منه!
Sâmehh-ni; Ma'zeratan	سَامِحْني. مَعْذَرَةً
Argook; Atrag-gâk.	أرْجُوك. أتْرَجَّاك
Men fad-lak ool li; Qol li men fadlak	مِن فَضْلك قُول (قُل) لي
Kat-tar kherak; Shokran!	كَتّر خَيرك. شُكْراً (لك)
Ah-lan wa sah-lan.	أَهْلاً وسَهْلاً
Entebeh; Ehhteres.	إنْتَبِهْ. إحْتَرِس
Entezer-ni, Estan-nâni.	إنْتَظِرْني. إسْتَنَّاني
Ana 'awzak (Arîdak) en-naharda.	أنا عاوْزَك النهارْدَه
'Alashân eêh?	(لماذا). علَشان إيه
Ana met-assef.....	أنا مُتَأَسّف (آسِف) لأنّي لا اقْدِر ان أحْضَر
Eddîha li, men fadlak.	(إعطِها) إدّيها لي من فَضْلك
'Aw-wel 'ala mâ olt lak.	عَوّل على ما قُلْتُ لَك
Oqaddemoh lak 'an tîb khâter.	أُقدّمهُ لك عن طِيْب خاطِر
Ma laksh lezoom tes-aloh.	مالَـكْش لزُوم تَسْأله
Attraggak, ma tet'ebsh naf-sak.	أتْرَجّاكْ لا تَتْعب(ماتِتْعِبْش) نَفْسَك
E'mel li maaroof	إعمِل لى معروف
Haw'wed lel shemal (yemeen)	حَوّد للشمال (لليمين)

Take care of your brother.	تيِكْ كيرِ اُفْ يُوْرْ بْرُذَرْ
That does not concern us.	ذَاتْ دَزْ نُتْ كُنْسِيرْنْ أَصْ
Tell me all about it.	تِلْ مِ اوُلْ أَباوْتْ إِتْ
You are mistaken.	يُ آرْ مِسْتِيكِنْ
I assure you that it is so.	آيْ أَشُوْرْ يُ ذَاتْ إِزْ سوُ
No, you are wrong.	نُوْ - يُ آرْ رُنْجْ
I regret very much; I am sorry !	آيْ رِجْرِتْ ڤِرِ مَتْشْ
I am very happy.	أَيْمْ ڤِرِ هَپِ
Upon my honour, it is true	أَپُنْ مايْ أُنَرْ، إِزْ ترُوْ
That is absurd.	ذَاتْ إِزْ أَبْسيرْدْ
What is your opinion about him.	وَتْ إِزْ يُوْرْ اُپِنْيَنْ أَباوْتْ هِمْ
What is to bedone?	وَتْ إِزْ تُ بِ دَنْ
Make room for him.	مِيكْ رُوْمْ فورْ هِمْ
All the world says so.	اوُلْ ذَ وِرْلْدْ سيِزْ سوُ
What have you done?	وَتْ هَافْ يُ دَنْ
I have done nothing.	آيْ هافْ دَنْ نَثِنْجْ
If I were you.	إِفْ آيْ وِرْ يُو
If I were in your place.	إِفْ آيْ وِرْ إِنْ يُوْرْ پْلِيسْ
Give me a ticket for tonight	جيڤ مِي اِ تِيكِت فُور تونَيْت
Next time bring change	نِكْسْتْ تَيْم بِرِنْج تْشِنْج

Entebeh le-akhook.	إنتبه لأخوك (لأخيك)
Da mà yekhes'senâsh.	دا ما يخصّناش . (هذا لا يخصّنا)
Ool li koll shê ʻan-noh.	قُول لي كل شَيء عنّه
Enta ghal'tân.	إنتَ غلطان
A-ak-ked lak en'noh ke-da.	أؤكّدْ لك انه كِدَا (كَذلك)
Lâ, el hhaq ʻalêk.	لا ـ الحقّ عليك
Ana metas'sef (âsef) gid'dan.	أنا متأسّف (آسِف) جِدًّا
Ana mab'soot khâles (masroor gid'dan).	انا مَبْسُوط (مَسْرُور) جِدًّا
Bi-sharafi ennoh haq.	بِشَرَفي انهُ حَقّ
Da shê ghêr maʻqool.	دا (هذا) شَيء غَير مَعْقول
Fik-rak eêh ʻan'noh ?	فِكْرك ايه عنّه
Eêh el ʻa-mal ? Mal ʻa'mal ?	إيه العَمَل . ما العَمَل ؟
Was-saʻ loh; Fas-sahh loh.	وسَّع لهُ . فَسَّح له
Koll en-nâs bi-ooloo ke'da.	كُلّ الناس بيقولوا كِدَا (هَكَذا)
ʻAmalt eêh ? Mâza faʻalt ?	عَمَلْت إيه ؟ ماذَا فعلت ؟
Ma ʻamal-tesh hâga.	ما عَمَلْتِش حاجَة
Eza kont min-nak.	إذا كُنْت مِنَّك
» » fi mahal'lak.	» » في مَحَلَّك
Eddini tazkara lel leila	إديني تذكرة لليلة
El mar'ra elli gayah hât fakka	المرة القادمة هات فكه

What a misfortune !	وَتْ اَمِسْفُورْتْشَنْ
Stand back !	سْتَانْدْ بَاكْ
What a pity !	وَتْ اِىَ پِتِ
Good heavens !	جُدْ هَفِنْزْ
Good day.	جُدْ دِي
Good morning.	جُدْ مُورْنِنْج
Good evening.	جُدْ اِيفِنِنْج
Good night.	جُد نَايْت
How many books have you?	هَاوْ مِنِ بُكْسْ هَافْ يُ
I have many pens.	آي هَافْ مِنِ پِنْزْ
He has much wine.	هِيْ هَازْ مَطْشْ وَآيْنْ
For how much.	فُورْ هَاوْ مَطْشْ
That is too much.	ذَاتْ اِزْ تُوْ مَطْشْ
That is enough.	ذَاتْ اِزْ اِنَفْ
I don't want any more.	آيْ دُنْتْ وُنْت اَنِ مُورْ
Give me a little more.	جِفْ (كِف) مِ اِلِتلْ مُورْ
Quite sufficient.	كوَيْت سَفِشَنْتْ
You are right	يُو آر رَيْنت
Do your best	دُو يُور بِست
I am sure she will come	آيَمْ شُورْ شِي وِيل كَم

Yâ dil mosîba !	يادِيْ المصيبة ! يالها من مُصِيْبَة
Erga' le wara. ; Et-tâkher.	إرْجَع للوراء . إتأخِرْ
Yâ khosâra !	يا خُسَارَة !
Yâ salâm !	يا سَلام !
Nahârak sa'eed.	نَهارك سَعيد
Sabâh el khêr. Nahârak sa'eed.	صَباح الخَيْر . نَهارك سَعيد
Mesâ el-khêr.	مَساء الخَيْر
Lêl-tak sa'eeda.	ليلتك سَعيدة (تُقال عند الافتراق للرقادِ)
Kâm kitâb 'an-dak ?	كَم كِتاب عِندك ؟
'Andi elâm (aqlâm) ketîra.	عِندي أقلام كَثيرة
'Andoh khamr ketîr.	عِنْده خَمر كَثير
Bikâm ?	بِكَم . بكَام
Da keteer khâles.	دَا (هذا) كَتير (جداً) خالِص
Da kefâya.	دا (هذا) كِفاية
Ana mosh 'âwez ziyâda.	أنا مُشْ عاوِز (لا أريد) زِيَادة
Eddîni sheway-ya ziyâda.	إدِّيْني شُوَيَّة زِيادَة . إعْطِنى قَليلاً أيضاً
Bizyâda; Kifâya !	بزيادَه . كِفَايَة
Lek hak	معك حق
E'mel gehdak	اعمِل جهدك
Ana mota'akked en'naha gâyah	أنا متأكد أنها ستأتى

في التحية والسلام
Salutation and Compliments.

Good morning, (Sir.)	صباح الخير (أو نهارك سعيد) ياسيدي (سِيَر.)
Good evening, Madam.	ليلتك سعيدة يا سيدتي (عند الاجتماع)
Good night, father.	ليلتك سعيدة يا أبي (عند الافتراق للرقاد)
Good day. Hassan.	نهارك سعيد يا حسن
How do you do ? (هَاو دُ يُ دو)	كيف حالك.إزَّيَّك
How are you ?	» » »
Are you well ?	هل أنت طيّب
Pretty well, thank you.	طيّب خالص . كتَّر خيرك
Very well, thank you.	طيب كتير ، الله يسلمك
How is your health ? (هَلْث)	إزَّي (كيف) صحتك
Very good.	طيّبة جداً . عال
How is the business ? (بِزْنِس)	كيف أحوال الشغل
It is quiet. (كُوَيَت)	هادئة . ليست كاللازم
How is your mother ?	كيف حال أُمَّك (والدتك)
She is not well.	مُش مبسوطة . ليست طيّبة
With pleasure (ويزْ بِليجَر)	بكل سرور

She has been two days in bed.	لها يومين راقدة (في السرير)
How long has she been ill?	بقي (صار) لها قدْ ايه عيّانه
More than a week.	اكثر من جمعة (اسبوع)
I should like to (call on) visit her.	أريد أن أزورها
I beg you, Madam, to remember me to her.	أرجوكي يا سيدتي أن تسلّمي لي عليها
Remember me to your brother.	سلّم لي على أخوك (أخيك)
My best compliments (regards) to all your family.	قدّم أفضل تحياتي لكل العائلة
I shall do so with pleasure. (پلَيچَر)	سأفعل ذلك بسرور
At your order.	تحت الأمر
At your service. (سِيرڤس)	في الخدمة . أنا في خدمتكم
I beg your pardon. Excuse me.	العفو . (عفواً . معذرةً)
I am glad to see you.	أنا مبسوط اللي شُفتك . (مسرور لرؤيتك)
I am glad to meet you.	أنا مسرور لمقابلتك
Thank you very much.	كتر خيرك كثير . اشكرك جداً
I longed indeed to see you.	إشتقت جداً أن أراك
I will seize the first opportunity to call on you.	سأنتهز أول فرصة لأزوركم
Allow me to congratulate you.	اسمح لي بأن أهنيك
Will you do me this favour?	أتريد أن تعمل معي هذا المعروف
Good luck (جوود لَك)	حظ سعيد
Without ceremony (ويذ أوْت سيرْموني)	بلا تكليف

With all my heart.	من كل قلبي
Welcome! I am glad to see you.	اهلاً وسهلاً . أنا مبسوط اللي شُفتك
I havn't seen you for a long time.	ما شفتَكش (رأيتك) من زمان
It is a novelty to see you.	دا شيء غريب اللي شُفتك
Sit down, please.	تفضل واقعد
Will you take a seat? (سِيت)	تفضَل واقعد
Thank you, I can't stay.	كتر خيرك ، ما أقدرش (لا أقدر) أقعد
I am in a great hurry. (هَرِ)	أنا مستعجل جداً
I have too many things to do.	عندي حاجات كتيره علشان أعملها
Surely you can stay a little longer.	بالتأكيد تقدر تقعد كمان شويه
I will stay longer another time.	مرة ثانية أقعد أكتر
Thank you for your visit. (ڤِزِت)	كتّر خيرك على زيارتك
Now I must take leave. (ليڤ)	دلوقت لازم استأذن
Why in such haste? (هَيِسْت)	ليه (لماذا) مستعجل كدا
Because I am very busy. (بِزِ)	علشان أنا مشغول كتير
And I won't keep you any longer.	وأنا لا أؤخرك
I hope to see you again soon.	أتعشّم أن أراك قريباً مرة ثانية
Well, good bye, Sir.	مع السلامه يا سيدي في أمان الله .

HEALTH عن الصحة

How is your health, now? — كيف (إزّي) صحتك دلوقت

„ „ „ brother's health? — كيف حال صحة أخيك

He is perfectly well? — صحته كويسه كتير

How does he feel (*or* is he) to-day? — إزّي حاله النهارده

Quite well, thank you. — طيّب كتير ، كتّر خيرك

How do you find yourself? — إزّي لاقي (كيف تجد) نفسك

As usual. (يوچْوٗل) — زيّ (مثل) العاده

How is your family? — إزّي العيْلَه . (كيف حال العائلة)

Thank God, they are all in good health. — الحمد لله ، كلهم بصحة طيبة

You look very well. — باين (يظهر) عليك أن صحتك طيبة جداً

I have been unwell for a week. — كنت عيّان (مريضاً) مدة جمعة

Are you getting on well, now? — هل صحتك متحسّنة دلوقت

Not so very. — مش كتير

Why? what is the matter with you? — (لماذا) . ليه مالك

I had fever, but thank God, I am better now.
كان عندي حمى ، ولكن الحمد لله أنا أحسن دلوقت (الآن)

Fetch me a doctor — ادعو لى طبيب

I have a headache. (هِدَيك)	عندي وجع رأس
How long have you been ill?	بقى لك قد إيه عيَّان
From the day when I met you in the garden.	من يوم ما قابلتك في الجنينة
So long?	كل هذه المدّة . قدّ كدا ؟
Do you take anything?	بتأخذ دواء (أو حاجَة)
Yes, I do; and the doctor visits me every other day.	نعم بأخذ ، والحكيم (الطبيب) يزورني كل يومين مرة
I hope it will be nothing.	أتعشم انهُ ما يكونش حاجَة
I hope you will soon get well.	أتعشم انك تشفى عن قريب
I wish you a speedy recovery.	أرجو لك الشفاء السريع
I feel greatly relieved. (رِليڤْد)	أنا أشعر براحَة عظيمة
I am hoarse. (هورس)	أنا مبحوح
I caught a cold. (كوُت)	أخذت برد
I have a pain in my heart.	عندي ألم (أشعر بألم) في قلبي
It will soon pass away.	يزول حالاً . دلوقت يروح
I am a little better to-day.	أنا أحسن شوية (قليلاً) النهارده
The doctor prohibited me from seeing anybody.	منعني الطبيب أن أرى حد (أحداً)
How is your neighbour?	إزَّي (كيف) جارك
He has consumption.	مصاب بداء السل
Take some vitamines	خُذ فيتامينات
Avoid constipation	تحاشى الامساك (اَڤُوْيد كُنسْتِيبيشن)

I hope not, God forbid!	لا سمح الله . إن شاء الله ما يكُنش كدا
He is nothing but skin and bone.	ما بقاش فيه إلا الجلد والعضْم
If he is well attended to, he may recover.	إذا اعتنوا بهِ تماماً يمكن أن يشفى
He must have constant change of air.	يلزمهُ أن يغير الهواء دائماً .
Are your bowels open?	بطنك ماشية ؟
No, I am constipated.	لا – عندي إمساك
You must take a purge. It will do you good.	يلزمك تأخذ شربة ، فانها تفيدك

في الطقس وتقلباته
The Weather and its Changes.

How is the weather now?		إزاي (كيف) حال الطقس
It is fine weather.		الطقس جميل جداً
It is most delightful.		الطقس بهيج جداً
It is bad weather.		الطقس رديء
The sky is clear.		الجوّ رايق (صاحٍ)
It is very hot.		الدنيا حرّ جداً
It is very cold.		الدنيا برد جداً
It is very muddy.		الأرض موحّلة
Open the window	(اوپين ذ وِندو)	إفتح الشباك
Shut the door	(شت ذ دور)	إقفل الباب

It is damp.	الجو رطب
The wind is very high (strong).	الهواء شديد
What quarter is the wind in?	من أين الريح آتية
It is blowing from the north.	الهواء يهبّ من بحري (الشمال)
The wind is dying out.	الهواء آخذ في السكون
The sky is very cloudy.	الجوّ مغيّم جداً
It rains. It is raining.	الدنيا تمطر
It has left off raining.	انقطع المطر
Do you see the rainbow?	هل ترى قوس القزح
It is a sign of fine weather.	هذه علامة الصحو
It is thundering. It thunders.	الدنيا ترعد
It is foggy.	الدنيا شبورة (ضباب)
It lightens.	الدنيا تبرق
The sun begins to rise.	إبتدأت الشمس تشرق
The sun is up.	أشرقت أو طلعت الشمس
The sun has set.	غربت أو نزلت الشمس
It will soon be night.	قرّب يدخل الليل
It is a dark night.	انها ليلة مظلمة
It is very dusty	التراب (او العفار) كثير
Pay attention to your eyes	حاسب على عينيك

It is a bright day.	انهُ يوم بهيج
I am shivering with cold.	إنّي أرتعش من البرد
I am sweating very much.	أنا عرقان جدًّا
I feel very hot.	أنا حرّان جدًّا
I feel very cold.	أنا بردان جدًّا

The Time. في الوقت

What o'clock (or time) is it?	الساعة كام . كم الساعة
What is your time?	ساعتك كام
It is one o'clock.	الساعة واحدة .
" " half past one.	» » ونُصّ (نصف)
" " a quarter past one.	» » وربع
" " a quarter to one.	» » إلا ربع
" " ten minutes to one.	» » إلا عشرة (دقائق)
" " twenty minutes past one.	» » وتلت (ثُلْث)
" " about one.	» » تقريبًا
" " exactly one.	» » تمامًا

(12) هدية

It is striking twelve	الساعة تدُق ّ اِتناشر (اثنى عشر)
„ „ on the stroke of one.	« قربت تدق واحدة
„ „ late.	الدنيا (أو الوقت) وخري
„ „ early.	« (« «) بدري
Does your watch go well?	ساعتك ماشية (تسير) طيّب
It goes very well.	ماشية (تسير) طيّب جدّاً
I think you are too fast.	افتكر ان ساعتك مقدّمه كثيراً
On the contrary. my watch is three minutes too slow.	بالعكس ساعتي مؤخرة ثلاث دقائق

Three minutes more or less make no difference.

ثلاث دقائق زيادة أو أقل ما تعملش فَرق (لاتعمل فرْقاً)

It wants repairing.	يلزمها تصليح
Now it is right to a second.	دلوقت (الآن) مضبوطة على الثانية
What day of the month is it?	كَم في الشهر النهارده (اليوم)
It is the tenth.	اليوم (النهارده) عشرة في الشهر
How long have you been here?	بقى لك قد إيه هنا
I have just come.	جيت دلوقت . (حضرت الآن)
When did you meet my partner?	متى قابلت شريكي
A fortnight ago.	من مدة جمعتين (أسبوعين)
My watch is a chronometer	ساعتي كرونومتر

It is a long time since I saw him. ماشفتوش من مدة طويلة

At least ten days. بالقليل (على الأقل) عشرة أيام

At most fifteen days. بالكثير (على الأكثر) خمسة عشر يوم

I saw you last week. رأيتك الاسبوع الماضي. (شُفتك الجمعة الماضية)

He will be here this day fortnight. سيكون هنا بعد اسبوعين

I will come back to-morrow week. سأرجع بعد جمعة (اسبوع) من غد

He will be back in a month. سيرجع بعد شهر

I will finish it within a mouth. سأخلصه (سأنهيه) في شهر

I will write to you in a couple of days. سأكتب لك بعد يومين.

He will pay you in the course of this week. سيدفع لك في بحر هذا الأسبوع

Can you wait until the end of the month? هل يمكنك الانتظار إلى آخر الشهر

I cannot wait any longer. لا يمكنني الانتظار أكثر من ذلك

At Meal Times. في أثناء أوقات الطعام

Have you taken your breakfast? أنت فطرت . (هل فطرْت)

Have you dined? Have you had your dinner? هل تعشيت

Have you taken your dinner? هل تناولت عَشاءك

Where is the waiter? فين الجارسون

Not yet.	لِسَّا . ليس الآن
I am hungry. (Goo'ân)	أنا (جائع) جوعان
I am not hungry. (Shab'ân)	أنا شبعان
I have no appetite.	ما عنديش (ليس لي) شهية
Dinner is ready!	الغدا (او العَشاء) حاضر
Do you drink anything?	هل تشرب حاجة (شيء)
I prefer pure water.	أفضل الماء (الصرف) الصافي
What do you like best?	ايه اللي (ما الذي) تحبُّه أكثَر
Beefsteak is the thing I like best.	أحب البفتيك أكثر من غيره
Help yourself.	إتفضَّل (تُقال عند تقديم شيء للأكل) . تَفَضَّل
Make yourself at home.	خذ حرّيتك . إرفع التكليف
Would you like a little of this soup?	أتحبّ شويه من (قليلاً من) الشوربه دي
Would you like some fat?	أتحب حتة (قطعة) دهن (لحم سمين)
I prefer lean meat.	أفضّل اللحم الهبر
How do you like this broth?	إزَّاي لاقى (كيف تجد) المرَقة دِي
It is excellent (delicious).	طِعمَه خالص . لذيذة جداً
Do you like chicken?	هل تحب الفراخ (الدجاج)
May I help you to some bread?	أتريد أن أقدّم لك خُبزاً
My bill please	حسابي من فضلك

No, thank you; I can eat no more.	كتّر خيرك (اشكرك) لا أقدر آكل زيادة
You are a poor eater.	أكلك قليل
You ate nothing.	إنتَ ما أكلْتِش حاجة
Give me some lettuce.	إديني شوية (اعطني قليلاً من) خَس
Will you put a little more vinegar in?	من فضلك حط شوية خل كمان (أيضاً)
Please, serve the ladies first.	من فضلك قدّم للستات (اولاً)
I have done.	أنا شبِعت
Are you thirsty? (ثِيَرستِ)	هل أنت عطشان
Will you share this big apple with me?	أتريد تقاسمني هذه التفاحة الكبيرة
Will you take a piece of this cake?	تريد تأخُذ (قطعة) حتة من الكعكة دي
We have not enough cups.	ليس عندنا فناجين كفاية
Take this cup of tea, will you?	هل تريد تأخذ فنجاي الشاي دا
Will you have some milk with it?	أتريد تأخذ معه شوية لبن
Will you take cream?	هل تريد تأخذ قشطة ؟
Bring a tea-spoon and a saucer.	هات ملعقة شاي وصحن فنجان
Is your tea sweet enough?	هل شايك حلو كفاية
Give me a slice of bread.	إديني « إعطني » شَرحة عيش
I am much obliged to you for your hospitality.	أنا متشكر لكم كثيراً على ضيافتكم
Boiled food is easily digested	الطعام المسلوق سهل الهضم

Don't mention it; you are always welcome.	لا تذكر ذلك - مرحباً بك دائماً
Your tea is very good.	شايكم طيب جداً
Where do you buy it?	بتشتريه من أين
I buy it at...	أنا باشتريه من عند . . .
Will you wash your hands?	هل تريد أن تغسل يديك

Going to bed and rising. — في الرقاد والقيام

It is time to go to bed.	(حان) جاء وقت النوم
At what time do you usually go to bed?	عادتك تنام الساعة كام
I make it a rule to be in bed by ten o'clock.	أنام عادة الساعة عشرة
And how many hours do you generally sleep?	وعادتك تنام كَم ساعة
Seven hours; as I rise at five in the morning.	سبع ساعات - لأني أقوم الساعة خمسة الصبح
I think it is much more healthy to lie on hard mattresses than soft ones.	أظن ان النوم على الفراش الناشف أحسن جداً للصحة من النوم على الفراش الطري
Do you use linen or cotton sheets?	هل تستعمل ملايات تيل أم قطن
Did you sleep well?	هل نمتَ جيداً
I caught cold last night by sleeping with the windows open.	أخذني برد ، لأني نمت البارحة والشبابيك مفتوحة
I slept in a draught	نمت فى مجرى هواء (درَفْت)

You ought to be very careful of the night air. يلزمك أن تحترس كثيراً من هواء الليل

I am afraid I shall not sleep comfortably because of having taken a late supper. اني أخاف أن لا أنام براحة لأني تعشيت وخري (متأخراً)

Ibrahim! do not fail to wake me at five in the morning.

يا ابراهيم ، لاتنسَ ان تصحيني (تيقظني) الساعة خمسة الصبح

Very well, sir. (أو) All right, sir. حاضر يا سيدي

Get up Sir, it is already five o'clock.

إصحَ (استيقظ) يا سيدي ، الساعة صارت خمسة

Did you dream? Have you dreamt? هل حلمت

It is a lovely morning. انه صباح جميل

I have overslept myself. أنا تأخرت في النوم

I went early to bed. أنا نمت بدري

I had no sleep last night. لم أنمْ (لم تذقْ عيني النوم) الليلة الماضية

I feel fit this morning. أحسّ (أشعر) بنشاط هذا الصباح

It is more healthy to rise early than late. القيام بدري أحسن للصحة من القيام وخري (متأخراً)

Early to bed and early to rise, makes man healthy, wealthy and wise.

التبكير في الرقاد والاستيقاظ يجعل الإنسان صحيح الجسم ، كثير المال ، وافر العقل

A walk. في الفسحة (النُّزهة)

It is a fine day. انهُ يوم جميل

I have a mind to take a walk. أُريد أن أتفسح (أتمشى)

Let us take a walk. هيا بنا نتفسح (نتنزَّه)

Allow me te fetch my car اسمح لي أن أحضر أتُمْبيلي (عربتي)

I am ready to accompany you. أنا مستعد أنْ أرافقك

Where would you like to go? تحب تروح فين . (تريد أن تذهب إلى أين)

We shall go wherever you like. نروح (نذهب الى) محل ما تريد

Let us go to the garden. يَلاَّ نروح (دعونا نذهب) الى الجنينة

What do you think of it? تفتكر إيه فيها . (ما رأيك في ذلك)

That is a capital idea. فكرة عظيمة . فكرة عال

Let us rest a little. خلينا (دعنا) نرتاح شوية (قليلاً)

Let us sit down on the grass. يَلاَّ نقعد (دعنا نجلس) على الحشيش

The grass is too damp. الحشيش رطب خالص (جداً)

This place is beautiful. المحل دا (هذا المكان) جميل

Here one breathes a fragrant air. هنا يستنشق الانسان هواءً عطراً

The nightingale begins to sing. ابتدأ الكروان أن يغني (يغرد)

Everywhere one sees nothing but trees in blossom.
في كل مكان لا يرى الانسان إلا أشجاراً مزهرة

Let us make an excursion لنذهب فى رحلة

Between two school-boys بين تلميذين

Do you know your lesson this morning (to-day) ? — (هل) أنت حافظ درسك النهاردة (اليوم)

I have nearly learnt three pages by heart. — حفظت تقريباً ثلاث صفحات غيباً

If you will hear me recite my lesson, I will afterwards hear you. — إذا كنت تأخذ عليّ درسي ، انا بعدين آخذ عليك درسك

On what page do you begin ? — تبتدىء من أيّ صفحة

You have not acquired it perfectly. — ما حفظتوش طيب . لم تحفظه جيداً

You have made more mistakes than I. — غلطت اكثر مني

Have you not prepared any translation ? — ما حضّرتش (ألم تجهّز) أي ترجمة

I am afraid the master will give you a scolding. — أنا أخشى أن المعلم يوبخك

I have to conjugate one verb and repeat four rules in grammar. — عليّ ان اصرّف فعلاً واعيد اربعة قواعد من الاجرومية

To what class do you belong ? — انت في أي صف ؟

I am in the second class. — أنا في الصف الثاني

How far have you got in arithmetic ? — وصلت لفين (إلى أين) في الحساب

I am just finishing fractions. — قرّبت أخلص (أنهي) الكسور

I shall soon commence algebra — عن قريب سأبتدىء في الجبر

Do you understand fractions well ? — انت فاهم الكسور طيّب

Yes, quite well. — نعم ، فاهمها طيّب

Can you lend me a piece of your slate-pencil ? — تقدر تسلفني حته (تقرضني قطعة) من قلمك الحجر

I am sorry that I can't, as I have only this short piece for myself. — متأسف لعدم امكاني ، لأن عندي فقط هذه القطعة القصيرة لنفسي

I take private lessons — آخذ دروس خصوصية

Will you lend me five piastres? أتريد أن تسلفني (تقرضني) خمسة قروش

Excuse me, I have got no money on me. لا تؤاخذني ، ليس معي فلوس (دراهم)

The master is coming, let us be ready for the bell. المعلم آتٍ ، استعدوا لسماع الجرس

The bell has rung. الجرس دقّ

I left my pen upstairs. سيبْت (تركت) قلمي فوق

Go and get it for me, please, as I can't do anything without it.
من فضلك روح هاتُه لي ، لأني ما اقدرش اشتغل (لا اقدر) من غيره

Read out your lesson, Fahmi. (سَمّع) اقرأ درسك يا فهمي

I could not learn it. ما قدرتش (لم أقدر) أن أتعلمه

It is very difficult. انه صعب جداً

On the contrary, it is very easy. بالعكس ، انه سهل جداً

Read loudly, please. اقرأ بصوت عالٍ ، من فضلك

Whose ruler is this? مسطرة مين دي . (مسطرة من هذه)

It is mine, and I lost it this morning. دي بتاعتي ، وأنا ضيعتها النهارده الصبح

No, it is my brother's; I know it well. لا ، إنها تخصّ أخي ، وأنا أعرفها جيداً

I beg your pardon; it is neither yours nor his, it is my sister's. ولا مؤاخذة . لا هي مسطرتك ولا مسطرته ، إنها مسطرة اختي

No, you are mistaken, it belongs to me. لا - إنت غلطان ، هي تخصني

Hush! the teacher (master) is coming. اسكتو ، المعلم جاي (آتٍ)

What are you talking about? بتتكلموا عن إيه ؟

He wanted to take my sister's ruler. كان عاوز ياخد مسطرة اختي

Who took my penknife? مين أخذ مطوتي (مَن أخذ مبراتي) ؟

I left it on the desk. سبتها (تركتها) على المكتب

Tomorrow and not to-day a lazy boy always say
التلميذ البليد دايماً يؤجل لبعدين (حجة البليد مسح التخته)

In a Coffee-house. في القهوة (المقهى)

Come along; let us go to that coffee-house and have a cup of coffee. تعالى نذهب إلى هذه القهوة ونشرب فنجال قهوة

There is a band of music there. في هذه القهوة موسيق (جوقة موسيقية)

I have an appointment (date) here. عندي ميعاد (موعد) هنا

Will you take a lemonade? أتريد تشرب ليموناده

No, but I will take some beer. لا - أريد أشرب بيرا

Give us one coffee and one beer. إعطنا فنجال قهوة وكبّاية بيرا

And you Sir; what will you take? وأنت ياسيدي (ماذا) تريد تشرب إيه

As for me, I take a cup of tea. أما من جهتي فاني أشرب فنجال شاي

Doctors say that tea is a slow poison. الأطباء يقولون أن الشاي سُم بطيء

Do you believe in all what they say? أتصدّق كل ما يقولون

Yes, I do, sometimes. نعم اصدقه أحياناً

In fact, it is a beverage which none but ladies appreciate.
في الواقع انه مشروب لا يلذ إلاّ السيدات

Everyone to his taste: as for myself, I prefer a glass of cold water. كل إنسان وذوقه - اما من جهتي فاني افضل كباية ماء بارد

Sir; will you be kind enough as to let me have that newspaper when you have done with it?
ياسيدي ، أتريد أن تتكرم عليّ وتعطيني هذه الجريدة لما تخلص منها (من قراءتها)

Can I ask you to let me have that newspaper if you have done with it? هل تسمح ان اطلب منك هذه الجريدة إذا كنت إنتهيت منها ؟

Yes, you can have it now; I have read it. نعم - تفضل خُذها الآن ، لأني قرأتها

Do you care (for) about politics? هل تهتم بالأخبار السياسية

I only read commercial news. أنا أقرأ فقط الأخبار التجارية

I read nothing but commercial news. أنا لا أقرأ إلا الأخبار التجارية

Waiter, have you any French newspapers?
يا غلام (سُفرَجي) جرسون ، عندك جرائد فرنسية

Sitting in Coffee houses is a big loss of time.
إرتياد المقاهى مضيعة للوقت

No Sir, we have only English and Arabic ones.
لا يا سيدي ، عندنا فقط جرائد إنكليزية وعربيـة

There is nothing interesting to-day. لا توجد أخبار مهمة اليوم

Is there anything new about the plague? هل يوجد خبر جديد عن الطاعون

Yes, there are three new cases in........
نعم ، يوجد ثلاث اصابات جديدة في........

Let us pay and continue our walk. دعنا ندفع ونستمر في فسحتنا

Let me pay now; your turn will come another time.
خليني (دعني) ادفع الآن وانت تدفع مرة ثانيـة (اخرى)

No, thank you; I must pay for myself.
لا ـ كثـر الله خيرك (اشكرك) ـ يلزم ان ادفع ما عليَّ

With a Tailor. مع خيَّاط

Sir, your tailor wants to speak to you. يا سيدي ، الخياط يريد أن يكلمك

Let him come in. دَعْه (خلّيه) يدخل

I want you to make me a suit of clothes. اريد أن تفصّل لي طقم (أو بدلة) هدوم

Well, Sir; will you allow me to take your measure?
حسناً (حاضر) يا سيدي ـ اريد أن تسمح لي ان آخذ قياسك

I also need a pair of grey trousers. يلزمني أيضاً بنطلون رمادي

I wish them made wide and not too long. عاوزه (أي البنطلون) يكون واسع ومش طويل

Can you make me an overcoat? نقدر تفصّل لي بَلْطو ؟

Will you have it lined? عاوزه (أريده) مبطّن ؟

Have you brought some patterns? هل أحضرت معك بعض عيّنات

I have patterns of every kind. عندي عيّنات من كل نوع

That colour is always in fashion. هذا اللون دائماً على المودة (الزيّ الجديد)

Dress makers are doing well everywhere.
الخياطات دائماً اشغالهن رائجة فى كل مكان

Take my measure for a pair of trousers and a coat.	خُذ قياسي علشان (لأجل) بنطلون وبَلطو
Make them in the latest fashion.	فصَّلهم على آخر مودة (زيّ)
What kind of buttons do you want ?	أي نوع من الأزرار تريد
Silk buttons will do very well.	الأزرار الحرير يوافقوا تماماً
Shall the trousers come very high ?	تريد البنطلون مرفوع كتير
Not too high; up to the waistband.	مُش (ليْس) كتير ، لحد الحزام
Have you not finished my other clothes yet ?	ألم تخلّص (تنهى) ملابسي الأُخرى بعد ؟
I have brought them with me for you to try them on.	جبتهم (أحضرتهم) معي علشان تقيسهم
The coat is tight at the shoulders.	السترة ضيقة من الكتاف
The trousers are a little too long.	البنطلون طويل شويّة (قليلاً)
Will you have your trousers wide or tight ?	تريد البنطلون واسع أو ضيّق ؟
Wide, if you please.	واسع ، من فضلك
Sir, I bring you your coat.	يا سيدي أنا جايب (أحضرتُ) لك سترتك
Well, I will try it on.	طيّب ، أقيسها
It is too tight.	إنها ضيقة كتير (جداً)
It is too long in the waist.	طويلة كتير من الوسط
It sets in wrinkles between the shoulders.	مكرمشة من بين الأكتاف
You cannot complain of this coat.	ما تقدرش تعيب (تشتكي من) السترة دي
Look at yourself in the looking-glass.	شوف نفسك في المراية
It becomes (fits) you well.	جَيّه عليك تمام . (انها تناسبك تماماً)
You were never better dressed.	عمرك مالبست أحسن من كدا

Smart dress has a good effect. **المظهر الجميل له أحسن تأثير**

Many animals change their dress yearly.

بعض الحيوانات تغيّر لباسها سنوياً

مع تاجر أجواخ وأقمشة

With a Draper and Linen-draper.

If you have no objection, let us call at the draper's (shop).
إن لم يكن عندك مانع دعنا نَمُرّ على دكان بيّاع الجوخ

This man has the best assortment of cloth in town.
هذا الرجل عنده احسن تَشكيلة جوخ في البلد

Have you any good black cloth? هل عندك جوخ اسود جَيّد

Show me the best you have. (أرني) وَرّيني أحسن ما عندك

I would advise you to select a different colour, as black is not very durable.
أشور عليك (انصحك) أن تختار لون تاني (آخر)، لأن الأسود لا يتحمّل كثيراً

Please show me a light colour. من فضلك وريني لون فاتح

At what price do you sell this per meter? بكم تبيع المتر من هذا

I cannot sell it at less than fifty piastres. ما اقدرش (لا أقدر) أبيعه بأقل من خمسين قرش

No, that is too dear. لا - دا (هذا) غالي (جداً) كتير

If you let me have it at fourty, I will take ten meters.
إذا بعته لي بأربعين قرش، آخذ عشرة امتار

I cannot lower my price a single piastre. ما اقدرش أنقّص من الثمن ولا قرش

I sell it to you at cost price. أنا أبيعه لك بالثمن الأصلي

Well, as the cloth appears to be good, I will give you your price. طيّب، وحيث يظهر ان الجوخ جيّد فاني ادفع لك الثمن

I make it a rule to demand no more for my goods than what I will sell them for.
وضعتُ قانوناً، وهو أن لا أطلب في البضاعة ثمناً أزيَد مما أبيعها به

I need some shirting. يلزمني قاش قمصان

Do you want something superior? أتريد بضاعة (حاجَة) عال

Nylon and rayon are much in demand this year.
النيلون والرايون مطلوبان كثيراً هذا العام

Of the best quality. من أحسن نوع (صنف)

Here is some excellent Indian silk. ها هو حرير هندي جيّد جداً

How do you sell it? بكم (أو كيف) تبيعه

Ten shillings a yard. بعشرة شلنات اليـاردة

I have also some at twelve shillings a yard and upwards. عندي أيضاً ماثمنه إثنا عشر شلن وأكثر

How many yards does a shirt take? القميص يأخـذ كام (يلزمـه كم) ياردة

It requires three yards. يلزمـه ثلاث ياردات

Show me some cambric. وَرّيني (أرني) شاش أو كمبَريت

We have cambrics of French manufacture; but those made in India are much better.
عندنا شاش شغل فرنسـا ــ لـكن المصنوع في الهنـد أحسن جداً

What is the difference? إيه (ما) الفرق

Those from India are much finer. المشغول في الهنـد أرفع كتير

Don't you want table-cloths or dinner-napkins? I have some plain and others designed.
ألا يلزمك مفارش سفرة او فوط إيدين ــ عندنا منهم بسيط ومشجر

This is a matter of taste; I prefer to leave it to my wife.
دي مسألة تتعلق بالذوق ، والأفضل ان اتركهـا لزوجتي

You are right. Request your lady to call on us and see them.
الحقّ معك . إبق خلي (دَعْ) الست تفوت (تَمرّ) علينـا وتشوفهم

I am in a hur y as I am leaving next week
أنا مستعجل لأني مسافر الاسبوع القادم

مع منجد و بائع أثاث

With an Upholsterer & Furniture-dealer.

I want to buy furniture for a house (or a flat). — عاوز أشتري أثاث لفرش بيت (شقة)

I can accommodate your liking. — عندي ما يوافق (ذوقك) مرغوبك

You will find in my warehouse (store) all you require. — إنك تَجد في مخزني كل ما يلزمك

Will you have your furniture of mahogany, walnut, oak or painted whitewood?
الموبيليا (الأثاث) تريدها من خشب الموغنة أو جوز او بلوط او خشب ابيض مدهون

I want something handsome, and not very expensive. — أنا عاوز حاجة لطيفة ومش غاليـة جداً

That is fortunate, I have a set of drawing-room furniture which will just suit you.
عظيم خالص (لِحُسْن الحظّ) عندي طقم فرش غرفة جلوس يوافق مرغوبك تماماً

What does it consist of? — يشتمل على إيه ؟

Two sofas, four armchairs and twelve chairs?
(يشتمل على) ديوانين واربع كراسي بمسند (فوتيّ) واتناشر كرسي

Is it covered with leather or velvet? — هو مكسي بجلد أو قطيفة

With velvet. — مكسي بقطيفـة

Is it here now? Can I see it? — هو هنا دلوقت ، وأقدر أشوفه

Here is also a round table and a ceiling lamp that would go well together.
أهـُه كمان ترابيزه مدوّرة ولمبـة (مصباح) سَقـْف موافقين كتير للطقم

How much do you ask for the whole? — كم تطلب في الـكل

We can easily arrange for that afterwards. — دا نقدر نتفق عليـه بسهولة بعدين

What will you have for your bed and dressing rooms?
وإيه (وماذا) تريد علشان (لأجل) اودة النوم واودة اللبس

The tendency of modern furniture is to fit small flats
الاتجاه الآن أن لا تكون الموبيليا ضخمة لصغر المساكن

An iron bedstead, a chest-of-drawers, a wardrobe with a looking-glass, two rocking chairs, two tables and two silver candle-sticks. سرير حديد وبورو ودولاب هدوم بمراية وكرسيين هزازين وطرابيزتين وشمعدانين فضّه

Show me also some patterns of carpets. وريني (أرني) كمان (أيضاً) عينات السجاجيد (الأبسطة)

Will you have the same pattern in every room? تريد طراز واحد لكل الأود (الغرف)

No, I am fond of variety. لا — أنا أحب التشكيل

I want also a looking-glass for the dressing-table, and a fine crystal lustre for the drawing-room.
عاوز كمان مراية لترابيزة الزينة (التسريحة) ونجفة بللور لطيفة للصالة

Look at the looking-glass against the wall; it suits the dressing-table very well. شوف (انظر) المراية دي المسنودة على الحيط — فهي تناسب ترابيزة الزينة تمام

Don't you think that it is larger than the dressing table? ما تفتكرش أنها أكبر من ترابيزة الزينة ؟

I will measure it. رَح أقيسها (سأقيسها)

It is one meter and fifty long, by eighty centimeters wide. طولها متر وخمسين وعرضها ثمانين سنتي

The looking-glass is five centimeters less in width than the dressing-table. المراية تنقص عن عرض التسريحة خمسة سنتي متر

What will you have for your dining-room? وتريد إيه وماذا (تريد) علشان (لأجل) اودة السفرة

I want a dining-table and a dozen chairs. عاوز ترابيزة سفرة (مائدة أكل) ودستة كراسي

Here is a set of mahogany chairs and a dinner table that can be lengthened at pleasure, made of the same wood.
أهُه (هاهو) طقم كراسي من خشب الموغنة وطاولة من الخشب ذاته يمكن تطويلها وتقصيرها حسب اللزوم (او كما تريد)

Some very attractive stores are made in plastic
ستائر جميلة تصنع من البلاستيك

(13) هديه

I advise you to take this set. You cannot find any better.
أنصحك ان تاخد الطقم دا (هذا الطقم) لأنك ما تلاقيش احسن منه

I want also a walnut book-case. عاوز كمان (اريد أيضاً) دولاب كتب من خشب جوز

I forgot to tell you that I require a wash-stand with a marble slab. نسيت أقول لك انه لازم لي كمان (ايضا) مغسلة برخامة

I have one here which, I have no doubt, will please you.
عندي واحدة هنا ، ولا شك عندي (في) انها تعجبك

You do not require a spring mattress for your bedstead?
ما يلزمكش (ألا يلزمك) مرتبة سلك للسرير ؟

Yes, I do; have you a ready-made one? نعم أعوز (يلزمني) ـ عندك واحدة جاهزة ؟

I will measure the bedstead and make you one. آخذ قياس السرير وأعملك واحدة

Can't you finish it to-day? ماتقدرش (ألا تقدر) أن تخلصها النهاردة ؟

I'll do my best to get it ready to-morrow afternoon.
أعمل كل جهدي لأجل تجهيزها (تحضيرها) بكرة (غداً) بعد الظهر

I want also some curtains for the windows and the doors. عاوز كان ستاير للشبابيك والأبواب

If you will allow me, I will call at your house to-day at two o'clock in the afternoon to measure the windows.
إذا كنت تأذن لي فاني اذهب لبيتك النهاردة الساعة إثنين بعد الظهر وآخذ قياس الشبابيك

At the same time I will take the measure of the rooms for the carpets. وبالمرة (وفي نفس الوقت) آخذ قياس الأوَد لأجل السجاجيد

That takes a long time, and as I am in urgent need of these things I can't wait till you finish them.
دا ياخد وقت طويل ـ وبما ان الأشياء دي لازمة لي حالاً فلا يمكني انتظر حتى تنهيهم

What discount do you allow for payment in cash ما هو خصم الدفع نقداً

We do not sell on credit نحن لا نبيع بالشكك

مع كتبي وورّاق

With a Book-seller and Stationer.

Have you any English books? هل عندكم كتب انكليزيّة

Yes sir, we have; and here is a catalogue of our books. نعم ياسيدي عندنا ـ وها هي قائمة كتبنا

What books have you got? إيه (ما هي) الكتب التي عندكم

All our books are mentioned in the catalogue. كل كتبنا مذكورة في القائمه

We have also a good selection of novels by various authors.
وعندنا ايضاً نخبة من الروايات لمؤلفين مختلفين

Show me what cheap novels you have. أرني الروايات الرخيصة التي عندكم

I want something for light reading. عاوز كتاب (أريد شيئاً) للتسلية

Would you like to examine this shelf? تريد تدوّر (تبحث) في الرفّ دا؟

Do you take interest in historical books? هل تهمّك الكتب التاريخية؟

What are the newest (latest) books you have. إيه (ماهو) اجدّ (احدث) الكتب التي عندكم

Do you sell any second-hand books? هل تبيعوا كتباً مستعملة

No, Sir, it is not in our line. لا ياسيدي ، دا مش (هذا ليس) من شغلنا

Have you an illustrated English dictionary? هل عندكم قاموس إنكليزي مصوّر

Yes, Sir; we have several. نعم يا سيدي عندنا كتير

What is the name of the author? إيه اسم المؤلف؟

I also want a complete French dictionary. عاوز كمان (اريد أيضاً) قاموس فرنساوي مستوفي

Take Clifton's in two volumes; it is the most complete and the best of all. خُذ قاموس كلفتن في مجلدين لأنه اكمل واحسن القواميس

Have you a reliable English-Arabic dictionary? هل عندكم قاموس إنكليزي ـ عربي يُركن إليه

We have the last revised edition of Elias' Modern Dictionary, English-Arabic.
عندنا طبعة جديدة ومنقحة من القاموس العصري الانكليزي العربي تأليف إلياس إلياس

We also have a pocket edition عندنا أيضاً معاجم جيب

I am very fond of reading أحب القراءة كثيراً

It is the best way to learn a language إنها أحسن شيء لتعلم اللغة

What is its price? كم ثمنه

It is 250 (Egyptian) piastres. ثمنه مايتان وخمسون قرشاً مصريًا

Send it to me with the other books in the course of the day. شيّعه (ارسله) لي مع الكتب الثانية (الأُخرى) في بحر النهار

Have you a practical Arabic method for English people?
هل عندكم كتاب عَمَلي يهوّن على الانكليز تعلّم اللغة العربية ؟

We have Elias' Practical Grammar and vocabulary of the Colloquial Arabic. عندنا كتاب الاجرومية العملية تأليف إلياس إلياس
لدرس اللغة العربية الدارجة (وهذا احسن ما طبع إلى الان)

Let me see a map of Cairo. ورّيني (أرني) خارطة لمصر (القاهرة)

Have you a guide book to Greece? عندك دليل لبلاد اليونان ؟

I want it with a map. عاوزه بخارطه

Have you a map of England? هل عندك خارطه لبلاد الانكليز

I can get you a map of London. أقدر أجيب لك خارطة لندرا (لندن)

Give me a map of France. إدّيني (اعطني) خارطة فرنسا

Do you want it French? عاوزها (أتريدها) بالفرنساوي ؟

How much is a ream of this paper? بكام (بِكَم) الرزمه من الورق دا

Is this a good quality? دَا (هل هذا) نوع طيّب ؟

Yes, it is the best. نعم — أحسن نوع

I want a small bottle of black ink. عاوز قزازة حبر أسود صغيره

Here is a big one, as we hav'nt got small.
أهيّه (ها هي) قزازة كبيرة لأن ما عندناش صُغَيَّرين

I want also some letter paper. عاوز كمان شوية ورق جوابات

Do you sell it in small quantities? تبيعوا منه بمقادير صغيرة ؟

How much do you charge for a quire of this sort? كم تطلب في الفريدة من هذا النوع

It seems to be very smooth. يظهر أنه ناعم كتير (مصقول جداً)

If you intend to write abroad, you will find that too thick; and will have to pay double postage.
إذا كنت قاصد تكتب لبلاد بَرّا (للخارج) فالورق دا (فهذا الورق) لا ينفع (ما ينفعش) لأنه تخين كتير (سميك جدا) وتلتزم تدفع اجرة البوسطة (البريد) مضاعفه

Take airmail note paper خذ ورق طيّارة

This will suit you better. دا (هذا) يوافقك أكثر (أحسن)

Yes, that is just the thing I want. نعم ـ أهه دا (هذا هو) مطلوبي

I also require some envelopes. لازم لي كمان شوية (بعض) ظروف

Yes, we have of all sorts and sizes. نعم يوجد عندنا من جميع الأجناس والمقاسات (الأحجام)

How do you sell them; by the dozen or by the packet? إزّاي تبيعوهم ـ بالدستة أو بالربطة

Usually by the hundred; but you can take a packet which contains twenty five.
العادة اننا نبيعهم بالمِيَّة (المائة) . ولكنك تقدر تأخذ ربطة فيها خمسة وعشرين

Those envelopes are not of the same paper? الظروف دول مش من (ذات) نوع الورق

No, if they were, they would be too dear; but they are quite as light. لا ـ وإذا كانوا من ذات العينة يكونوا غالين كتير ، لكنهم رفيعين مثلها

I also sell pens, nibs and pencils. Do you wish for any of them? وكمان ابيع اقلام وَريَش واقلام رصاص ـ تريد حاجه منهم

Give me a dozen pens, and a dozen nibs. إدّيني (أعطني) دستة بِن (أقلام) ودستة ريَش

I want also one note-book, six sheets blotting paper, two pencils and a bottle blue-black writing ink.
لازم لي كمان (أيضاً) دفتر جيب وستة افرخ ورق نشّاف وقلمين رصاص وقزازة (زجاجة) حبر كتابه اسود مايل للزراق

You do not want copying ink? مش لازمك (ألا يلزمك) حبر كوبيا ؟

May I write a letter in your shop? أيمكني (أقدر) أن أكتب جواب (خطاباً) في دكّانك

Seat yourself at this desk. تفضل اقعد على المكتبه دي (هذه المكتبه)

Give me some of my paper, please. من فضلك إديني (أعطني) شويّه (قليلاً) من ورقي

Do you want larger size? تريد حجمه أكبر من كدا ؟

No, thank you, these will do. لا ـ كتّر خيرك ـ دُول يقضوا

Only give me some nibs, as I forgot my fountain pen.
بَسّ (فقط) إدّيني شوية ريَش لأنّي نسيت قلمي الحبر

Fountain pens save much trouble اقلام الحبر توفر كثيراً من متاعب الكتابة

Here are two; try them. تفضّل إثنين ـ جرّبهم

One is too coarse, and the other too fine. واحده تخينه (غليظه) كتير (جداً) والثانيه رفيعه خالص

It appears that you do not write much; your ink has got thick and mouldy. يظهر انك مابتكتبش كتير لأن حبرك تخن وتعفّن

I will add a drop of water to it. رَح أحط عليه (سأضع فيه) نقطة مَيّه

Now; I have finished my letter. دلوقت أنا تممت (خَلَصت) جوابي

With a Jeweller. مع جوهري (جواهرجي)

Will you please show me some wedding-rings? من فضلك ورّيني (بعض) خواتم زواج

With pleasure. Here are some very cheap ones and beautifully made. بكل سرور، اتفضل دول رخاص جدا ومشغولين كويس

For how much do you sell this one? تبيع دا بكام

Twenty pounds. بعشرين جنيه

I wish to have the initials **A.B.** engraved upon it.
اريد أن تنقش عليه هذين الحرفين **A.B.**

That is very easy. I will set my engraver about it. دا سهل جداً. أنا أخلي حَفّاري يحفرهم

I want a great many things, as I am going to get married. لازم لي حاجات كتير، لأني رَح أتزَوّج

So much the better. You will find in my shop all that you may require. كوَيّس كتير ـ ورَحْ تلاقي في دكاني كل ما يلزمك

I want an ear-ring set with diamonds. عاوز حلق مرصّع بالماس

I want a gold chain also, as mine is no longer in fashion.
عاوز كمان كتينه (سلسلة) دهب لأن كتينتي صارت موده قديمه

Here is a very strong one. ها هي واحده متينه جداً

This ear-ring is excellent and matches well with those bracelets and that pin. الحلق دا جيل جداً وموافق للأساور دول والدبوس دا (هنا)

Presents in gold much appreciated هدايا الذهب دائماً مرغوبة

They are charming; I have a mind to take them.	كويسين كتير وأحب أن أخدهم
Put them aside.	خليهم وحدهم (إركنهم على جنب)
What do you think of this pearl necklace?	إيه فكرك في العقد اللولي (اللؤلؤ) دا ؟
It is admirable; but how much do you ask for it?	جميل - لكن تطلب فيه كام ؟
Forty four Egyptian pounds.	أربعة وأربعين جنيه مصري
Is it genuine or imitation?	هل هو حقيقي أو تقليد ؟
Will you show me this ring in the window?	تريد تورّيني الخاتم دا اللي في الشباك
I want it for this finger.	عاوزه علشان الصباع دا (هذا الأصبع)
Is this brilliant?	دا (هل هو) برْلَنْتي ؟
Will you permit me to try it on?	تريد تسمح لي ألبسه (أجرّبه)
It is too large.	دا (هذا) واسع كتير
It is too small.	دا ضيّق (صغير) كتير
It does not fit properly.	مِش جَيّ تمام
This seems to be very dear.	دا يظهر انه غالي كتير
I want a pair of bracelets set with diamonds.	عاوز جوز أساور مرصّع بالألماس
Here are some of the latest fashion.	أهُمْ دُولْ على آخر موده
I like this one.	أستحسن دا (هذا)
I want to have the bride's name engraved upon it.	اريد أن ينقش عليه اسم العروسة
What is the price of this one?	ثمن دي (هذه) الاسورة كام
Five pounds and a half, only.	خمسه جنيه ونص (جنيهات ونصف) ، بَس (فقط)
Can you warrant it to be gold?	تقدر تضمن انها دهب
Yes I can. Moreover it is hall-marked.	نعم أقدر - وعلاوة على ذلك فان عليها التمغه الرسميه
You can take it on sale or return.	تقدر تاخذها على ترجيع
Take this sum on account	خذ هذا المبلغ على الحساب

With a Watchmaker. مع ساعاتي

I wish to purchase a watch.	أريد أشتري ساعة
Pocket or wrist watch?	ساعة جيب أو ساعة يَد
Do you want a gold or silver one?	تريد واحدة دهب أو فضة ؟
A gold one, please.	(واحدة) ساعة دهب ، من فضلك
Here is a watch from one of the best manufactories in Geneva.	أهي (هامي) ساعة من احسن مصانع چنيفـا
I want a good English one.	عاوز ساعة انكليزي كويِّسة
Here is a good silver one.	أهي (هامي) واحدة فضّة عالٍ (طيبة)
I warrant it for ten years.	أضمنها لعشر سنين
I shall only take it on that condition.	وأنا ماآخدهاش إلاّ على الشرط دا (هذا الشرط)
How much? What is the price of it?	بكام . تمنها كام ؟
Two hundred piastres.	ميتين (مايتا) قرش
How dear!	يا سلام ـ قدّ إيه غاليَة . (انها غاليَة جداً)
A good watch can never be dear.	الساعة الطيبة مش غالية أبداً
You will be pleased with it; I am sure.	أنا متأكد انك رح تكون مبسوط منها
As it is a new watch, I wish you to leave it with me for some time in order to have it regulated.	
بما أنها ساعة جديدة اريد منك ان تتركها عندي مدّه علشان (لا ءجل ان) اضبطها	
When will it be ready?	إمتى تكون حاضرة (جاهزة)
When am I to come to take it?	إمتى آجي (أأتي لكي) آخدها
In a fortnight.	بعد اسبوعين (بعد خمسة عشر يوماً)
If you will give me your address, I will send it to you.	
إذاكنت تعطيني عنوانك انا اشيّـعها (ارسلها) لك	
May I have it on trial for a week?	هل أقدر آخدها على التجربه لمدة جمعة (اسبوع)؟
Do you want an alarm clock?	هل تريد (ساعة تنبيه) منبّه
I want a watch that shows the date too	اريد ساعة تبين التاريخ كذلك
Have you an automatic watch?	عندك ساعة تمتلىء لوحدها بحركة اليد

Thanks, I don't need it. أشكرك ــ لا تلزمني

I wish to have my watch repaired. عاوز أصلح ساعتي

I have a watch that wants repairing. معي ساعه عاوزه (يلزمها) تصليح

The main spring is broken, and it requires a new one.
الزنبلك (الزنبرك) مكسور ولازم لها واحد جديد

Besides; the balance and the balance-wheel require a little doing too. وغير كدا ، لازم للرقّاص والترس بعض تصليحات

Can't you mend it in a short time? ماتقدرش تصلحها في مدة قصيره

Yes, Sir; When do you want it done? نعم يا سيدي ــ تريدها تخلص إمتى (متى)

I can leave it with you for a few days. أقدر أسيبها ويّاك (أتركها معك) أياماً قليله

Would you change it for this gold one? تريد تبادل عليها بالساعة الدهب دي

How much extra do you want? عاوز كام (فرق) علاوة على الساعة

Five pounds and ten shillings. خمسة جنيه وعشرة شلن

It is too much. I can do without it. You will clean and mend mine. It is pretty good and is still useful.
دا كتير ، وانا اقدر استغنى عنها ، من فضلك نظف ساعتي وصلحها لأنها طيبه ولسّا تنفع

I wish you to lend me a watch until I have mine. اريد تسلفني (تعيرني) ساعه لغاية ماآخذ ساعتي

Take this; It is not handsome but goes well.
خُد دي (خُذ هذه) ، وإن كانت مُش (ليست) جميلة لكنها تمشي طيّب

If you call again in ten days you will find your watch ready.
إذا كنت تفوت بعد عشرة ايام تلاقي ساعتك جاهزة

Is my watch ready? ساعتي جاهزة (حاضرَة) ؟

I regret it is not; but if you will call again to-morrow you will find it ready.
أنا متأسف (لأنها) ماخلِصتش إنما إذا حَضرتْ بُكره (غداً) تجدها جاهزة

Does it go well now? ماشية طَيّب دِلْوَقْت ؟

Perfectly well. It does neither lose nor gain. ماشية طيّب خالص ــ لا بتأخّر ولا بتقدّم

We have pretty woll watches عندنا ساعات حائط جميلة

I want one that suits with my furniture also a reliable alarm clock
يلزمني واحدة تناسب الأثاث واريد كذلك منبه مضمون

My watch gains. ساعتي بتقدّم

My watch loses. ساعتي بتأخر

I also wish you to give me a key for this watch. اريد أيضاً أن تعطيني مفتاح للساعه دي

My brother's watch wants a glass. ساعة أخويا لازمها قزازه

Can you put a glass in, now? تقدر تحُط لها قزازه دِلْوَقْت ؟

Will you wind it up? من فضلك إملاها (دَوّرها)

With a Druggist. مع صيدلي

The doctor wrote me this prescription. Will you prepare it for me? الطبيب كتب لي (هذه) التذكره دي ــ من فضلك حضّرها لي

It is written in French. Can you make it out? (إنّها) مكتوبه بالفرنساوي ــ تقدر تفهمها

Yes, Sir; I can. نعم يا سيدي ، أقدر

When will it be ready? إمتى (متى) تكون جاهزه

In five minutes. بعد خمس دقايق

Then I must wait. بقا لازم أسْتَنّى (إذاً يلزَم أن أنتظر)

I want also one bottle of salsaparilla syrup. عاوز كمان قزازة شراب العشبه

If you have fresh castor oil, you can give me two ounces of it. إذا كان عندك زيت خَرْوَع جديد اعطني منه وقيّتين

How disgusting? ما أكرهه ؟

But it is the most beneficial purgative. لكنه أنفع كل المسهلات

I can sweeten it for you by adding some syrup, if you like إذا كنت تحب ، اقدر أحليه لك باضافة شويّة شراب حلو

I want a laxative. What do you advise me to take? اريد مسهل خفيف ، تشور عليّ آخد إيه

I will give you some pills; you may take two of them at a time. رَحْ أدّيك (اعطيك) حبوب تاخُد منها إتنين كل مرّه

Must I take them fasting? لازم آخُدهم على الريق ؟

No; before you go to bed. لا ، قبل النوم

Do you give intravenous injections? هل تعطي حقن فى الوريد

No, only the intramuscular. لا فقط فى العضل

At The Post-Office. في البوسته

Has the post come ? هل أتت (وصّلت) البوسته

On what days does the mail arrive ? ما هي أيام وصول البوسته

" " " " " " leave ? متى تقوم البوسته

I have a letter to post. عندي جواب عاوز أشيّعه بالبوسته (البريد)

Are there any letters for me by this mail ? هل لي جوابات بالبوسته دي ؟

There is a letter and a paper for you. فيه لك جواب وجريده

When did the post come ? إمتى أجت البوسته

It arrived last night. وصلت ليلة إمبارح

There is a registered letter for you. لك جواب مسوكر

Where are the letters given out ? أين محل توزيع الجوابات

Do you accept letters by Air Mail ? هل تقبلوا جوابات بالطيّارة

Here is a letter for you, Sir. (ها هو) أهه جواب لك يا سيدي

Thank you. Answered at last ! كتّر خيرك - لقد جاوب أخيراً

What ! they have not received my letter ? إزّاي ، ما وصلش لهم جوابي

Ali, can you have forgotten to put it in the post ?
(يا علي) - يمكن (تكون) نسيت ترميه في البوسته

Oh ! no; I put it into the box myself. لا - أنا حطيته (وضعته) في الصندوق بنفسي

I addressed it correctly; it is impossible it should have got lost. وأنا عنونته بالضبط ، من المستحيل انه يكون ضاع

I will go and see immediately at the post office for information. رح أروح حالاً واستفهم من البوسته

Sir, there ought to be a letter for me addressed " poste restante " coming from Lisbon.
يا سيدي لازم يكون لي جواب من لسبن (لشبونه) معنون (بشبّاك البريد)

Your letter is registered. I must beg you to sign the receipt.
جوابك مسوكر - ارجوك ان تمضي (توقع على) الوصل

Air mail is more expensive than ordinary mail.
خطابات البريد الجوي تكلف أكثر من البريد العادي

This letter was opened by censor. هذا المكتوب فتحه الرقيب

Here is a letter that requires an immediate answer, Mohammed. ها هوَ خيطاب لازم يِتْرَدّ عليه حالاً يا محمد

Do you want any postage stamps? هل يلزمك طوابع بوسته

A foreign Parcel Despatch Note, please. (اعطني) حافظة طرود خارجيه من فضلك

Please, ring me up at noon. أرجوك أن تكلمني بالتليفون عند الظهر

What is the number of your telephone? إيه نِمْرة (مارقم) تليفونك ؟

Hold the line, please. خَلّيك (إسْتَنّى) على التليفون من فضلك

A Sea voyage and Journey. في سفر البحر والبر

Can you tell me if there will be any boat for Aden this week? تقدر تخبرني إذا كان يوجد مركب مسافر لعدن هذا الاسبوع

There is one in the harbour which will sail for that port in a few days. يوجد واحد في المينا مسافر للبلد (للمينا) دي بعد كم يوم

Is it a sail or steam boat? هو مركب شراعي أو بخاري

It is a large steamer (steamboat) that carries about eight hundred passengers. هو مركب بخاري كبير يحمل نحو ثمانماية راكب

Will the captain take passengers? (هل) يريد القبطان ياخد ركّاب معه

I believe the cabins are already booked, but, to be certain, you had better enquire of the captain himself.
أظن الأُوَدْ كلها مأخوذه ولكن علشان تتأكد احسن تسأل القبطان نفسه

Where shall I meet him? أقابله فين

What nationality is he? جنسه إيه ؟

He is Greek and sails under the Egyptian flag. هو يوناني ويسافر تحت الراية المصرية

When do you expect to sail, captain? تفتكر إمتى رَح تسافر يا قبطان

In two days time, Sir. بعد يومين ، يا سيدي

Will you take me with you to Aden? تريد تاخدني معك لعدن

I travel on business, and not or health for pleasure
مسافر ، للشغل وليس للصحة أو للفسحة

There is still one berth left in the upper deck which shall be at your service. لِسَّا فيه سرير فاضي على الظهْر تحت أمرك

How many days do you think we shall be at sea? كم يوم تفتكر نبق في البحر

I hope we shall arrive in ten days. أتعشّم نصل في عشرة أيام

You must not forget to provide yourself with a passport.
ما تنساش انك تحضّر الباسابورت (جواز السفر)

At what time does the steamer start to-morrow?
الساعة كام (مَتى) يسافر الوابور (غدا) بكرة ؟

At seven in the morning. الساعة سبعة الصبح

What are the fares? الأُجرة كام

The first class two pounds; the second one pound. الدرجه الأُولى إتنين جنيه ، والثانية جنيه واحد

Have you a bill indicating the fares and the time of departure and arrival? عندك كشف بالأُجَر واوقات السفر والوصول

If you go into the office, you will find a printed notice there.
إذا كنت تتفضل وتدخل المكتب تلاقي هناك اعلان مطبوع

At what time must I send my luggage? الساعة كام لازم (ارسل) اشيّع عَفْشي

It must be here at half past six. You are allowed thirty kilogrammes free of charge, and you must pay for the excess according to the tariff.
لازم يكون (العَفْش) هنا الساعة ستة ونص — ومسموح لك بثلاثين كيلو غرام بدون اجره وتدفع عن كل ما يزيد عن (ذلك) كذا حسب التعريفه

Must my boxes be passed at the custom-house before they are brought on board?
هل يلزم أن تفوت الصناديق على الجمرك قبل ما يجيبوها (يحضروها) للمركب

I am not travelling alone, I have with me my wife, three children, a servant and a bicycle.
أنا مش مسافر وحدي — معي زوجتي وثلاثة اولاد وخادم وبيسكليت

When does the train start (leave)? متى يسافر (يقوم) القطار

Where is the booking office? أين مكتب التذاكر (او الحجز)

I want a platform ticket اريد تذكرة رصيف

It will start (leave) at ten o'clock. يسافر الساعة عشرة

I could not catch the train. ما قدرتيش ألحق القطر

Let us try to get a seat near the door. دعنا نجرّب حتى نجد مقعداً بقرب الباب

Have your ticket ready. حَضّر تذكرتك

Why so? (لِيه كِدا) لماذا؟

Because it must be shown whenever the officials may ask for it. لأنه لازم الواحد يورّيها للمستخدمين لما يطلبوها

And if I should happen to lose it? وإذا كانت تضيع مِنّي

You will have to pay your fare as if you came from the first station. تكون ملزماً بدفع الأُجرة كأنك راكب من اول محطة

What is the name of this station? إيه اسم المحطة دي

It is Luxor. إسمها الأقصُر

If you wish I will direct you to a dragoman (guide) who knows everything about the Sudan.
إذا كنت تريد فاني أدلّك على ترجمان يعرَف كل شيء عن السودان

How much does he take per day? ياخُد كام في اليوم

I do not know, but he generally demands more than he will take. أنا ما اعرفش ــ لكن هو دائماً يطلب اكثر مما يأخد

Is he well acquainted with the roads? هل هو خبير بالطرق

He has accompanied many travellers on the same journey.
هو رافق سوّاحين كثيرين سافروا ذات السفرة

Can he provide me with European saddles? هل يقدر يجيب لي سروج أفرنجي

I would advise you to ride on a native saddle. أنصحك تركب على سرج بلدي

Do you advise me to take a tent? هل تنصحني أن آخذ خيمة

No, it will only encumber you, and as the season is so delightful you will not endanger yourself by sleeping in the open air. لا ــ لأنها (تثقّل عليك) تلخمك ــ وحيث ان
الفصل لطيف فلا خوف عليك من النوم تحت السماء (في الخلا)

Don't expose yourself too much to the meridian sun.
لا تعرض نفسك طويلاً للشمس الحارقة

Is it customary to pay the camel hire beforehand ? هل العاده أن تدفع أجرة الجمّال مقدّماً

They generally demand a small sum as a pledge in advance. عادتهم يطلبوا مبلغاً صغيراً مقدّماً كعربون

I should like to (leave) set off before sunrise. أحب أسافر (أقوم) قبل طلوع الشمس

When do you expect to come back. متى تظن أنك ستعود

I will return by air. اني سأرجع عن طريق الجو

Do you think you can book seats on an aeroplane from there ? أتظن انك ستجد محلات على الطيّارة هناك

Yes, the planes are nearly always empty. نعم لأن الطائرات غالباً تكون فاضية

I hope you don't get airsick. أتمنّى أن لا يصيبك دوار الهواء

It is not the first time I fiy. ليست هذه أول مرّة أسافر فيها بالطيّارة

The English Language. اللغة الانكليزية

Do you speak English ? هل تتكلم اللغة الانكليزيه ؟

Yery little, Sir. قليلاً جداً يا سيدي

Are you learning English ? انت بتتعلم انكليزي

I have applied myself to the study of this language for the last six months. أخذت في دَرس هذه اللغة منذ ستة شهور

It is the most important language now. انها أهم لغة في الوقت الحاضر

Who teaches you ? من الذي يعلمك (مين بيْـعَـلّـمَـك)

A friend of mine. صَاحِبٌ لي

Do you like this language ? أتحب هذه اللغة

Very much indeed. كثيراً جداً بالحقيقة

What end have you in view in devoting your time to that study ? ما غايتك من بذل وقتك في هذا الدرس

I consider that one day English will become the international language. لأني أعتقد بأن اللغة الانجليزية ستصبح لغة دولية

I consider the English language very useful in many respects. اني اعتبر اللغة الانكليزية مفيدة جداً من اوجه كثيرة

The English and Americans have extended their commerce beyond that of any other nation.
الانكليز والأميركان وسّعوا تجارتهم اكثر من اي امّة اخرى

By becoming acquainted with the English language I may be employed as a clerk in a commercial house or as a translator in the Egyptian embassy. بتعلم اللغه الانكليزيه لربما استخدم ككاتب في بيت تجاري او مترجم في السفارة المصرية

The information to be gained from English travellers and residents, is another reason for my determination to become acquainted with this language.
ان المعلومات التي تكتسب من سوّاح الانجليز والقاطنين منهم هنا سبب آخر للعزم (للاقدام) على تعلم تلك اللغة

Besides; by acquiring the English language I shall have access to works on all branches of science.
وعدا ذلك ، فبتعلم اللغة الانكليزيه يمكنني التوصل إلى مطالعة مؤلفات كثيرة في كل فروع العلوم

Is this language difficult to acquire? هل هذه اللغة صعبة التحصيل

There are many things in it which appear difficult at the outset, but which become easy by practice.
يوجد فيها أشياء كثيرة تظهر صعبة عند الابتداء ولكنها تسهل بالممارسة

Your ideas encourage me so much to think I shall commence studying it. ان آراءك تشجعني كثيراً ان افكر في البدء بدرسها

I would advise you to do so; and I hope your success will amply repay all your pains.
اني أنصحك أن تفعل ذلك ، وأرجو ان نجاحك سيعوّض عليك كل تعبك

I heartily thank you for your advice. اني أشكرك شكراً قلبيًا على نصيحتك

IDIOMS & TECHNICAL PHRASES

جُمَل اصطلاحية *

The above mentioned.	المذكور أعلاه
The aforesaid.	المذكور (آنفاً) قبلاً
Mentioned hereafter.	المذكور بعده
After all.	ومع ذلك . أخيراً
At length. At last	أخيراً
In conclusion.	في الختام . أخيراً
All at once.	مرّة واحدة
As for me. As to me.	أما من جهتي
As far as.	إلى . لغاية . ليحَد
As long as.	طول ما . ما دام
As soon as.	حالما
As well as.	مثل . زي
As well.	بالمِثل . وكذلك . أيضاً
At all events.	على كل حال
Any how.	على أي حال
In any case.	على أي حال . كيفما كان
At most.	بالكثير . على الأكثر
At prime cost. At cost price.	بالسعر الأصلي
By and by.	بعد قليل . عمّا قريب
By dint of.	من كثرة . بقوّة

* هذه الجمل الاصطلاحية كثيرة الاستعمال بين خاصة الانكليز وعامتهم . فنظراً لشدة لزوم معرفتها رأيت ضرورة تنبيه المتعلم إلى الاهتمام والتدقيق في حفظها .

By degrees.	بالتدريج . تدريجاً
By far.	بكثير
By means of.	بواسطة . بوساطة
By the by. By the way.	على فكرة . قبل أن أنسى
Conformably with.	بناء على . طبقاً لِـ
In accordance with.	بناء على . وفقاً لكذا . نظراً إلى
Ever since.	من ذلك الحين . من وقتها
Hits at random.	يخبط خبط عشواء
Ill timed.	في غير وقته
To the purpose.	في وقته . طبْق المرام . (على الطبطاب)
In addition to.	علاوَة على
In all probability.	غالباً . من المحتمل . على الأرجح
In behalf of.	لمصلحة . لأجل
In case of need.	عند اللزوم
In front of.	امام . تجاه
In good earnest.	من جدّ
In my opinion.	بحسب ظني . من رأيي
In order to.	حتى . لكن . لأجل
In presence of.	أمام . بحضور
In respect of.	من جهة . بخصوص
In spite of.	غصباً عن . رغماً عن
Instead of.	عوضاً عن . بدلاً من
In the mean time.	في أثناء ذلك
In vain.	عبثاً . باطلاً
In view of.	نظراً إلى
Is due to.	ينسب إلى . بسبب . سببه « كذا »
Later on.	فيما بعد . بعدين
Never mind.	ما عليك منه . مَعْلهش
Upon inquiry (إنْكوَيري)	عند الاستعلام
On the whole (هول)	بوجه الاجمال . على العموم

Once a day.	مرّة في اليوم
Once more.	مرّة أُخرى
On account of.	بسبب . بعلة
On behalf of.	بالنيابة عن
On condition that. Provided that.	بشَرط أن . على شرط أن
On my responsibility.	على مسئوليتي
On the contrary.	بالعكس
Pay attention to.	إنتبه إلى . إلتفت إلى
Ready made.	حاضر . جاهز (كالملابس)
Ready money.	بالنَقْدِ . نقداً
So and so.	فلان الفلاني
So long as.	ما دام . طالما
Take your time.	مَهْلاً . على مهلك
That is to say.	أعني . يعني . أي أنه
The right side.	الوجهُ . الوشّ
The wrong side.	القفا . الظَّهْر
Upside down.	مقلوب . فوقاني تحتاني
Vice-versa.	والعكس بالعكس
With respect to.	من جهة . بخصوص
At full speed.	بأقصى سرعة

As black as coal.	أسود مثل الفحم
As white as snow.	أبيض مثل (اللبن) الثلج
As yellow as a guinea.	أصفر مثل الكركم
As cheap as dirt.	أرخص من التراب
As cold as ice.	أبرد من الثلج
As drunk as a lord.	سكران طينه
As high as a mountain.	من أعلى المئذنة (المادنه)
As fit as a fiddle.	فى أحسن حالة
As you please.	على كيفك

As lean as a greyhound.	أرفع من البوصه
As clear as daylight.	كالشمس في رائعة النهار
As quick as a lightning.	أسرع من البرق
As tall as a giant.	طويل كالمارد

Summer is over.	مضى الصيف . انقضى الصيف
Winter sets in.	دخل الشتاء . حلّ الشتاء

He puts her *off* from day to day.	يماطلها من يوم إلى آخر
The dog bit him *on* the arm.	عَضَّه الكلب في ذراعه
I don't approve *of* his conduct.	لا أستصوب سلوكه
He asked *after* your health.	سأل عن صحتك
Ask him *to* dinner.	إعزمه على الغدا
I am not so green as all that.	الحيلة دي ماتنطليش عليّ
I can't swallow that.	دا مُش (هذا ليس) عليّ
That is of no avail.	لا فائدة من ذلك
He is clever *at* geography.	هو ماهر في علم الجغرافيا
Your trick beats all.	حيلتك فاقت الكل
Have you ever been *to* England ?	أما ذهبت أبداً لبلاد الانكليز ؟
Have you ever seen the Pyramids ?	أما رأيت الأهرام؟
He calls me names.	يشتمني
It does not concern me.	هذا لا يعنيني
The child cuts his teeth.	الولد يسنن
You dare not do it.	لا تجسر على هذا العمل
He was set free.	اطلق سبيله
Can you bail him *out* ?	هل تقدر تكفله (تضمنه)
The dog barks *at* me.	الكلب ينبح عليّ
I can't put *up* with that.	لا أقدر أطيق ذلك
I have no patience with this boy.	لا أقدر أصبر على احتمال هذا الولد
By means *or* by the agency of.	بوساطة . بواسطة
He lives on others.	هو عالة على الناس . عايش سفلقه

I can't help laughing.	لا أقدر أتمالك عن الضحك
To part with.	فارق . افترق عن
Fill *up* the glass.	املأ الكبّاية
He goes *on* (behaves) badly.	سلوكه غير حميد
I held *out* my hand to him.	مدّيت له يدي
Do you mind me smoking ?	هل تتضايق إذا دخّنتْ
Light *up* the hall.	ولّع (نوّر) الفسحة (الغرفة)
You must take care *of* your books.	يلزمك أن تعتني بكُتبك
Business is dull.	الأشغال في كساد
They laid (got) hold *of* him.	امسكوه . اضبطوه . القوا القبض عليه
Go *on* with your work.	استمرّ في شغلك
Get *on* (ride) this horse.	اركب هذا الحصان
I wish to get rid *of* him.	اريد أن أتخلص منه
He got there in no time.	وصل هناك في طرفة عين
Get *up* quickly.	إصحَ حالاً . قُمْ حالاً
We got *through* the hedge.	مررنا من (وسط) السياج
I got drunk last night.	سكرت إمبارح (البارحة ليلاً) بالليل
I gave all my books *away*.	فرّقت (وزّعت) كل كتبي
The doctor gave him *up*.	الطبيب قطع منه الأمل
I gave *up* teaching.	تركتُ (أو عدلت عن) التعليم
That is how it is done.	هكذا يُعمَل . هذه كيفية عمله
I am in a hurry.	أنا مستعجل
You are growing thin.	انت بترفع . انت آخذ في التحول
Blow *out* the lamp. Put *out* the lamp	اطفِ اللمبة (المصباح)
The wind blew *off* my hat.	الهواء طيّر بُرْنيطتي
He broke *out* of prison.	هرَبْ من السجن
A fire broke *out* at 10 o'clock.	شبّت حريقة الساعة عشرة
The engagement is broken *off*.	إنفسخت الخطوبة
He leads a fast life.	منغمس فى الملذات
To pull a long face.	إكتئب

The meeting broke *up*.	إنفضَّت الجمعية
Put *up* your umbrella.	إورد (إفتح) شمسيتك
Speak *up*.	إرفع صوتك
I am quite at a loss.	أنا متحيِّر جداً
Make *way*, please.	وسَّع لي (إفتح مكاناً) من فضلك
Make *out* the bill.	اكتب قائمة الحساب (طلِّع الفاتورة)
I can't make *out* that word.	ما أقدرش (لا أقدر) أفهم (هذه) الكلمة دي
You must make *sure* of that.	يلزم أن تتأكد من ذلك
Mind your own business.	كُن في شُغلك (خَلِّيك في حالك)
What is the matter with you.?	جرَى لك إيه . مالك
Take *off* your boots.	إقلع جزمتك . (إخلع حذاءك)
You are better *off* than I am.	انت أحسن حالاً مِنِّي
I saw him *off* to-day.	ودَّعتُه النهارده (اليوم)
Pour *out* a glass of lemonade for me.	صُبّ لي كبّاية ليموناده
I read the story *out*.	قرأت كل القصة
Hear me *out*	استمِعْني للآخر
I will turn him *out*.	سأطرده
I am *out* of work.	أنا خالي شُغل . أنا بدون عَمَل
My skin peels *off*.	جِلدي بيقَشِّر
Peel this apple.	قَشِّر هذه التفاحة
Squeeze *out* this lemon.	أعصُر هذه الليمونة
Scratch (*or* rule *out*) this word.	امحِ (إمع) هذه الكلمة
Pick that pen *up* from the floor.	إرفع هذا القلم عن الأرض
They pulled *down* the wall.	هَدَموا (هَدُّو) الحائط
Put your coat *on*. Put *on* your coat.	إلبس سترتك
That matter put me *out* a great deal.	هذه المسألة كدَّرتني جداً
Put *off* reading that letter until tomorrow.	أجِّل قراءة هذا الخطاب للغد
Put *out* your tongue.	إخرج (طلِّع) لسانك

To stand on ceremony.	يلتزم الرسميات
He cried his heart out.	بكى لمّا إنفطر

Why did you run *away*.	ليه (لماذا) هربت
When will you bring it *back* ?	إمتى رَحْ تِرَجَّعُه (متى ستردّه)
Sit *up* properly.	إجلس منتصباً
I sat *up* late last night.	سهرت كثيراً ليلة امبارح (البارحة)
His brother was brought *up* in London.	أخوه تَرَبَّى في لندره
He brought *up* all tobacco.	إحتكر كل الدخان
He bought *over* the witness.	برطل (رشى) الشاهد
He bought *off* his friend.	إفتدى صاحبه
He is charged *with* theft.	متهوم (مُتَّهَم) بسرقة
He stole *away* in my absence.	هرب وأنا غايب
This will come to nothing.	دَا مُش رَح يحصل منهُ نتيجة
He cries *up* his goods.	يمْدَح (يُطنب) في بضاعته
He cries *down* my book.	يذمّ (يطعن) في كتابي
You always run *down* my work.	إنت تذم شغلي دائماً
He committed suicide.	قَتَلَ نفسه . (انتحر)
Rub *off* the mud.	اُفرُك الطين (الوَحْل)
Rub *out* this word.	امحُ (امسح) هذه الكلمة
Rub *down* my horse	طَمّر حصاني
Scoop *out* this pomegranate.	افرُط هذه الرمّانة
Permit me to see you home.	اسمح لي أن أوصّلك للبيت
We dined *on* eggs	تغدينا بيضاً
He deals *in* books.	بيتاجر في الكتب
Strike me a match, please.	وَلّع لي كبريته من فضلك
The revenue falls *off*.	قَلّ المدخول . (قلّ الايراد)
They fell *out* with one another.	تنازعوا معَ (وقعوا في) بعضهم
I fired *at* a nice bird.	(ضَرَبت) أطلقت النار على عصفور جميل
The cat fiew *at* the rat.	القطة هجمت على الفار
I took him *by* surprise.	جيت له على غفلة . (باغتّه . فاجأته . غافلته)
Striking. (ستريْكينج)	مدهش
He struck home.	أصاب المحز . فى المليان

How do you get *on* with your son?	كيف حالك مع ابنك
Take my word for it.	صَدّقني
I pledged my word.	أعطيت كلمتي
He took advantage of my absence.	انتهز فرصة غيابي
It was all through you.	انت السبب في كل ذلك
Hang *up* the picture.	عَلّق الصورة
Is Mr. Habeeb *up*.	(هل) السيد حبيب صحي من النوم ؟
He got up at 5 o'clock.	صحي الساعة خمسة
How long have you been *up*.	بَقى لك قد إيه صاحي
Life has many ups and downs.	للحياة تقلبات كثيرة
Upon my word.	بِشَرَفي . (قسماً بشرفي)
My mouth waters *at* the sight of pickles.	ريقي يجري عندما أرى المخلّل
Wind *up* your watch.	دَوّر ساعتك
You stand *upon* trifles.	انت تكترث بأمور تافهة (تتمسك بالأمور التافهة)
This big table takes *up* much room.	هذه الترابيزة (المائدة) الكبيرة تشغل محلاً كبيراً
Can you take *out* this stain?	هل تقدر أن تزيل هذه اللطخة (البقعة)
I will turn *away* my servant.	سأطرد خادمي
Wait *for* me to-morrow.	انتظرني غداً (بُكرَه)
I will call *on* you to-morrow.	سأمُرّ عليك غداً
I see him wasting *away* daily.	أراه يزداد نحفاً كل يوم
A green boy.	ولَد عبيط (أو غشيم)
I met him *on* my way home.	قابلته وأنا ذاهب إلى البيت
They agreed *on* that.	قرّ رأيهم (اتفقوا) على ذلك
I blew him *up* for this act	وبّخته على هذا العمل
The storm blew *down* the tree.	العاصفة قَلَعَتْ (أسقطت) الشجرة
We must keep *up* our dignity.	يلزم أن نحافظ على مقامنا (هيبتنا)
He passed away.	مات
Passer by.	عابر سبيل

To be close *to*.	يَـتقـرُب من
To care *for*.	عني بـه . اهتمّ بـه
To deal *in*.	تـعـامل بـه
To stand *by*.	أيّـد (عَـضَّـدَ)
He is angry *at* me.	غضبان عليّ
According *to* me.	على فكري . (من رأيي)
To put *up with*.	أطاقَـهُ . (احتمله)
I could not prevail *on* him.	لم أقدر على اقناعه . (ما قدرتش أقنعه)
To remind *of*.	فكّـرَ بـه . ذكّـرَ
To wait *on*.	خَـدَمَ
To give *in*.	رَضَـخَ . سَلَّـمَ
To give *up*.	تَـنـزّلَ أو كفّ عن
Stretch *out* your hand.	مِدّ إيدك (يَـدَك)
He turns *over* the pages of the book.	يقلّب صفحات الكتاب
He stays *away* much.	يَـتغيّـب كثيراً . (يغيب كتير)
He is slow *at* his work.	هو بطيء في شغله
I rejoice *at* your success.	أنا أفـرح لنجاحك
Note *down* what I tell you.	اكتب اللي (سَجّـل ما) أقوله لك
How much do you owe me ?	كم لي عندك ؟
I owe you 10 piastres.	لك عندي عشرة قروش
You have done yourself out of 12 piastres.	غلطت على نفسك باتناشر (بائى عشر) قرش
I wish I were there.	ياريتني (ليتني) كنت هناك
Hot-headed.	سريع التهيج . (حِمَـقيّ)
He took to his heels when he saw the policeman.	فرّ لما رأى البوليس (حطّ ديله في أسنانه)
Seize the opportunity.	انتهز الفرصـة
I see !	فهمتُ ماذا تعني
O.K. !	عال (جَـيّـد)
Dead certainty	اكيد
Now and then	بين وقت وآخر

أمثال وَحِكَم متعارفة

Familiar Proverbs and Sayings.

Birds of a feather flock together.	إن الطيور على أشكالها تقع
A man is known by the company he keeps.	عن المرء لا تسل ، وسل عن قرينه
Novelty gives pleasure.	لكلِّ جديد لذّة
Make hay while the sun shines.	ان الفرصة ان لم تنتهزها غصّة
Fine feathers make fine birds.	لَبِّس البوصه تبقى عروسه
Like father like son.	طُبّ الجرّة على فُمّها تطلع البنت لأمها
Talk of the devil and he is sure to appear.	افتكرنا القطّ جانا ينُط
Too many cooks spoil the broth.	رَيّسين (رئيسان) في مركب تغرق
The absent party is not so faulty.	الغايب عُذره معه
Man proposes and God disposes.	إحنا في التفكير والله في التدبير
A hungry stomach has no ears.	وقت البطون تضيع العقول
Walls have ears.	الحيطان لها وِدان (آذان)
Don't count your chickens before they are hatched.	لا تقل فول حتى يصير في المكيول
The burnt child dreads the fire.	المقروص من التعبان من الحبل يخاف
Spend and God will send.	اصرف ما في الجيب يأتيك ما في الغيب
Grasp all lose all.	الطمع قلّ ما (قلّما) جمع
As you make your bed so you must lie on it.	على قدر بساطك مد رجليك
He who loves me loves my dog.	لأجل عين تُكرم ألف
Idleness is the key of beggary.	الكسل مفتاح باب الفقر
Where there is nothing, the king loses his rights.	إيه (ماذا ـ أي شيء) ياخد الريح من البلاط. العريان في القافلة مرتاح
The sun shines behind the clouds.	وراء الغيوم الشمس مشرقة

A friend in need is a friend indeed.	الصديق لوقت الضيق
Extremes meet.	الزايد أخو الناقص
No joy without annoy.	لا راحة بلا تـَعـَب . ما فيش حلاوه بلا نار
No gains without pains.	لا كسب بدون تعب
Little and often fills the purse.	من القليل يجمع الـكـثير
Poor and content is rich enough.	الفقر مع القناعه هو الغنى التام
Quick thoughts are slippery thoughts.	في العجلة الندامة
Patience is bitter but bears sweet fruits.	أول الصبر مُرّ وآخره حلو
Opportunity makes the thief.	المال السايب يعلّـم الحرام
As you sow, so shall you reap.	ما تزرعه إيّـاه تحصد
By other's faults wise men learn.	العاقل من اعتبر بغيره
Adversity tries friends.	عند الشدائد تعرف الاخوان
Who fears God needs not fear the world.	من اتقى الله لا يهاب إنسان
Carrying coals to New Castle.	كبائع الماء في حيّ السقايين
There is no smoke without fire.	لا دخان بلا نار
Still waters run deep.	تحت السواهي دواهي
Out of sight, out of mind.	بعيد عن العين بعيد عن القلب . البُـعد جفـَا
He is a happy man who is warned by another man's deeds.	العاقل من اتعظ بغيره
Failure teaches success.	الفشـل يعلّـم النجـاح
Fair words slake wrath.	الـكلام الليّـن يـكسر الغضب
By hook *or* by crook	بأي وسيلة . بطريقة ما
A masterstroke	خبطة معلم
Smile and while you smile, another will smile	إضحك الدنيا تضحك لك

LETTERS,

PETITIONS, BILLS & NOTES.

﴿ صور خطابات وعرضحالات وكمبيالات ﴾

My dear Fareed

Please hand bearer the book I lent you last week and, if possible, give him also my cane which I lift with you yesterday evening.

Yours sincerely,

10/2/19.... Ibrahim

عزيزي فريد

« تحيـة وسـلامًا » أرجو تسليم حامل هذه الرسالة الكتاب الذي أعرتك إياه في الاسبوع الماضي ، وإن أمكن أعطه أيضًا عصاتي التي تركتها معك البارحة مساء ، شكراً لك

صديقك المخلص

١٠ / ٢ / ١٩٠٠ ابراهيم

Cairo, February 10th. 19...

My dear Father,

You will undoubtedly be glad to know that the holidays commence on Wednesday next.

One of my schoolfellows invited me for a short journey to Upper Egypt, and I shall be very grateful to you if you will kindly allow me to go with him. I shall find a great pleasure in seeing the ancient monuments, the visit of which will, undoubtedly, increase my knowledge of History.

As regards the examinations, I was the first in Mathematics and the second in History, and also got a valuable prize for writing.

I am, dear father,

Your obedient son,

Nabil

مصر في ١٠ فبراير ١٩...

والدي العزيز

« تحية مقرونة بالاحترام العظيم ، وبعد » لا شك في أنكم ستسرون عند سماعكم أن العطلة المدرسية ستبتدىء يوم الأربعاء القادم

وقد دعاني « بهذه المناسبة » أحد زملائي بالمدرسة لمرافقته في رحلة قصيرة الى الوجه القبلي ، فأكون ممتناً لكم جداً إذا تفضلتم وسمحتم لي بالذهاب معه «إذ اني» سأسر كثيراً بمشاهدة الآثار القديمة ، وبلا شك ، سأستفيد (افيد) فائدة كبرى بانماء معلوماتي في علم التاريخ

ومن خصوص الامتحانات فقد كنت الأول في الرياضيات ، والثاني في علم التاريخ ، وقد نلت أيضاً جائزة ثمينة في الخط . وفي الختام تفضلوا بقبول فائق الاحترام من نجلكم الطائع ؟ نبيل

Alexandria, 20th. February 19...

My dear son,

Your letter dated 10th. instant to hand. I am extremely pleased to hear of your diligence and good conduct. I must advise you to persevere with your studies and not to lose your precious time in trifles. I hope to hear better news from you next year.

As to the trip you propose, I willingly grant you the permission you ask for, provided that your companion is a good fellow, and that the journey will not take more than a fortnight

Your loving father,
Habeeb

الاسكندرية في ٢٠ فبراير ...١٩

ولدي العزيز

وصلني خطابك المؤرخ في ١٠ الجاري ، وسررت جداً لما علمته عن اجتهادك وحُسْن سلوكك . هذا واني أنصحك أن تواظب على الدرس ولا تضيِّع وقتك الثمين سدًى . وأملي أن أسمع منك في السنة المقبلة أخباراً أحسن من تلك . أما من جهة الرحلة الثي تقترحها فاني أصرّح لك بها عن طيب خاطر بشرط أن يكون رفيقك من الشبان الأفاضل ، وأن لا تستغرق الرحلة أكثر من اسبوعين ؟

والدك المحب
حبيب

Beirout, 25th. April 19....

My dear friend,

Our holidays, so long looked forward to, have come at last, and I hope you will pay us the visit you so faithfully promised at Christmas. I assure you we shall be delighted to see you.

A sad accident happened here yesterday. Some boys were climbing the rocks in search of birds' nests. One of them, a bright little fellow, lost his footing and fell to the bottom. When picked up he was unconscious. I hope he will recover soon.

Let me know when you are coming, in order to meet you at the station.

Give my kind regards to your brothers and sisters.

Yours very affectionately,

Lulu

بيروت في ٢٥ ابريل ١٩

صديقتي العزيزة

ها قد حلّت أيام العطلة التي كنا ننتظرها بفارغ الصبر ، فأرجو أن تفي بما وعدتني به في عيد الميلاد الماضي ، ألا وهو زيارتك لنا ، واني أؤكد لك أننا سنكون في غاية الابتهاج برؤياك

لقد حدثت عندنا أمس حادثة مكدرة للغاية . وهي أنه بينما كان بعض الأولاد يتسلقون الصخور للتفتيش عن أعشاش الطيور زلت قدم أحدهم ، وهو صبي صغير لطيف ، فهوى الى الأسفل ، ولما أقاموه وجدوه فاقد الشعور . ولكن لي الأمل في شفائه عن قريب

أرجو أن تعلميني بوقت قدومك ، لكي أقابلك في المحطة ، وأن تبلغي سلامي لأخوتك وأخوانك . وايقني اني صديقتك المخلصة ؟ لولو

LETTERS OF APOLOGY اعتذار

Damascus, 25th. September, 19...

Dear....

I regret very much that an unforseen event obliges me to leave immediately to....

I hasten to inform you of this mishap which deprives me of the pleasure of seeing you to-morrow as arranged.

My absence will be of short duration and I expect to be back next Wednesday and I will get in touch with you as soon as I arrive.

Yours sincerely.

دمشق فى ٢٥ سبتمبر ... ١٩

عزيزي ...

اضطررت لأسباب قاهرة فى آخر لحظة الى مغادرة البلد على الفور فلن أجد بدأً من الاسراع باخطارك حتى لا تنتظر فى الموعد الذى سبق اتفاقنا عليه .

وسأعود بمشيئة الله يوم الأربعاء القادم صباحاً وسأتصل بك متى وصلت . وتقبل مع مزيد أسفى صادق تحياتي ؟

Mr. . . is sorry to have to inform Mr . . . that, owing to a previous engagement, he is unable to accept his invitation.

While declining it with many thanks he begs him to accept the assurance of his regret and sincere regards.

رد برفض الدعوة

يسوء السيد . . . ان يخبر السيد . . . انه لداعى ارتباط سابق غير ممكنة قبول الدعوة التى تكرم عليه بها . ولذا فانه يعتذر له مع جزيل الشكر ويرجوه ان يقبل مزيد أسفه وخالص احترامه ؟

LETTERS OF CONGRATULATION **خطابات تهنئة**

Damietta, 30th. October 19...

Dear Mr. Joseph,

I have just received the letter in which you inform me of your happy marriage. I hasten to offer you my most sincere congratulations and hearty good wishes, and hope that every year of your married life will find you happier than the previous.

God bless you and your bride with his choicest blessings.

Yours very sincerely,

Hassan

دمياط في ٣٠ اكتوبر ... ١٩

عزيزي يوسف افندي

وصلني الآن خطابكم المنبىء بقرانكم السعيد ، وها أنا أبادر بتقديم تهانئى الخالصة وتمنياتي القلبية ، وأرجو أن تـكون كل سنة من سني حياتـكم الزوجيـة أسعد من سابقتها . واني يا عزيزي يوسف ادعو الله تعالى من صميم الفؤاد أن يباركـكم وعروسكم بأعظم البركات . وثقوا أني على الدوام صديقكم المخلص .

Date..

The news of your appointment as ....
which I learned from the papers filled me with joy.

I hasten to congratulate you and wish you more success (or promotion).

Believe me, yours very truly,

التاريخ . . . . .

شملنى السرور عندما قرأت فى الصحف نبأ تعيينكم (أو ترقيتكم أو نجاحكم) وأقدم لكم خالص التهانى متمنياً لكم دوام الرقي (أو النجاح)

وتقبلوا يا سيدى أطيب التمنيات ومزيد احترامي

THANKS شكر

Alexandria, 23rd. January, 19...

My dear....

Your nice (or precious) present came as a most delightful surprise and I hasten to thank you most warmly for your thoughtfulness.

I am, ever yours.

الاسكندرية ٢٣ يناير ... ١٩

وصلتني هديتك اللطيفة (أو الثمينة الخ) فاهتزت لها نفسي لحسن وقعها وكان لها أحمد الأثر . فشكراً لك من كل قلبي ولك منى أصدق شعائر الولاء والمودة .

CONDOLENCE تعزية

My dear Fouad,

My heart is full of sorrow for you in your great affliction. Too well do I know the unspeakable agony of such a loss as yours, and realize fully how cold all words of comfort sound to the bereaved heart. Yet if the tenderest and most loving sympathy can soothe your sorrow, believe me, dear friend, they are yours from the innermost recesses of my heart.

God grant that you may soon feel the holy joy of knowing that you have an angel in Heaven who calls you "father", and feel grateful that your sinless litte one is removed from the trials and temptations of this world.

Trusting that God will soothe your sorrow, as only His mercy can,

I am, as ever, Yours most sincerely, Nadim

صديقي العزيز فؤاد

لقد شملني الغم والحزن الشديد بسبب ما ألمَّ بكم من المصاب الأليم ودهاكم من الخطب الجسيم . وانى أعرف حق المعرفة مقدار الألم الذي لا يمكن التعبير عنه بسبب الخسارة التى حلت بكم لأنى ذقتُ مرارتها قبلكم

وانى على يقين من تفاهة تأثير عبارات التعزية فى القلب المثكل ، ولكن اذا كانت مشاطرة الأسى تخفف من لوعة الحزن ، فثق أيها الصديق العزيز انى أشاطرك إيّاه من كل قلبي

هذا وانى أطلب منه تعالى أن يمنحكم السرور المقدس الناشيء عن الشعور بأن لكم ملاكًا فى السماء يناديكم بيا أبتي ، وأن يجعلكم تشعرون بواجب الشكر لله على انتقال ابنكم الطاهر من هذا العالم المملوء بالأكدار والتجارب

وانى واثق من انه تعالى سيخفف أحزانكم لأنه وحده القدير على ذلك

وانى على الدوام صديقكم المحب ندیم

Cairo, 30th May 19...

My dear Fareed,

With profound regret and deep sympathy I have heard of your irreparable loss of our mutual friend, dear Ameen. I know how strong was the love between you; exceeding even that of most brothers, and I can readily feel how deep must be your sorrow and how great your loss.

I feel that I am powerless to send words that can assuage your affliction, and can therefore only commend you most earnestly to Him who is the friend of the sorrowful, trusting, that His love will dry your tears.

With deep sympathy and affection, I am,

Very sincerely yours,

Sameer

القاهرة في ٣٠ مايو سنة ١٩...

صديقي العزيز فريد

بلغني بمزيد الأسف والتحسر خبر المصاب الأليم والخسارة التي لا تعوض بفقد صديق الطرفين العزيز (المرحوم) أمين ، ولعلمي بمقدار روابط المحبة التى تمكنت بينكما ، والتى كانت تفوق ما بين معظم الأخوة ، فانى أقدر عمق حزنك وفداحة خسارتك

هـذا وانى أشعر بعجزى عن تعزيتك بالأقوال المألوفة فى مثل هـذه المصائب ، ولذا أطلب لك من المولى سبحانه وتعالى ، لأنـه صديق الحزين ، أن يمسح دموعك بيد محبته المعزية

وانى لا أزال بمزيد العطف والوداد ؟

صديقك

سمير

My dear .....

You have no idea how I felt sorry for you when the terrible news of your . . . death reached me this morning. Any consolation I could offer would be vain and I pray God to give you strength to bear the blow.

You must remember that in your bereavement you are surrounded by true sympathisers. I will be glad to do my utmost to assist you if you need help in any way. Kindest condolences and sympathy from your sincere friend,

عزيزي (أو عزيزتي)

يعلم الله ما أشعر به من ألم لهذا المصاب الأليم ولا زلت أراني مذهولاً شارد اللب من هول الصدمة التي لم افق من مفاجآتها العنيفة ووقعها الأليم – ولكن قضاء الله لا حيلة لأحد في دفعه . ويعزيك في هذه المحنة انك محوط بعطف جميع عارفيك وكن على ثقة يا عزيزي انني لك الوفي الدائم الوفاء والصديق الثابت الأخاء .

المخلص

Having just heard of the great and irreparable loss you have sustained, I cannot refrain from sending you a few lines to assure you of my true and fullest sympathy for you (and your brother). With very kind regards to you all. I remain, yours very sincerely.

عزيزي المحترم . . . . . .

ما إن علمت اليوم بوفاة عزيزنا . . . . . . حتى أسرعت بتقديم واجب العزاء لكم وللشقيق .

المخلص

MISCELLANEOUS خطـــابات مختلفة

SOLLICITING AN INTERVIEW طلب مقابلة

Sir . . . .

I most respectfully ask you the favour of a private interview to submit to you personally . . .

If you will be good enough to accede to my demand, kindly fix me the day and time at which you can receive me.

I have the honour to be, Sir,

Your obedient servant.

السيد المدير العام لمصلحة أو مؤسسة . . . أو سيادة (وزير الـ . . .)

بعد التحية ـ ألتمس أن تتفضل علىّ بتحديد موعد لمقابلة خاصة مع سيادتك للتحدث فى أمر . . . . فاذا تكرمت فاذنتم لى بالمقابلة فانى شاكر سيــادتك أعمق الشكر .

وتفضل بقبول أصدق شعائر الولاء .

المخلص

ASKING FOR NEWS طلب اخبار

Dear Madam,

How are you getting on ? It seems to me ages since I last heard from you. I do not reproach you for not writing as I am also to blame, though I am more excusable than you as here, in the depth of the country, there is nothing to write about that would be of interest to you ; there are seldom any events worth signalling, unlike in your beautiful city which I am missing so much.

Please write me a long letter giving me all the news.

The events which to you do not seem worth mentioning are big happenings to me, so please write me fully.

Please kiss the children for me and convey my best regards to your husband.

Your loving ... (*or* yours very affectionately), Mona

عزيزتي

ماذا جد من الأحداث فانقطعت أخبارك عنى منذ زمن طويل . ولست اقول هذا معاتبة فانى شريكة لك فى هذا التقصير ولـكن لى شيئاً من العذر فان الحياة فى أعماق الريف تسير على وتيرة واحدة خالية مما يمكن أن يثير اهتمامك . ولا كذلك حالك فى بلدك الحبيب الذي يطول حنيني اليه ـ فاكتبي لي فى اسهاب عما يحيط بك ففي كتابك خير تسلية لي .

قبلي أنجالك الأعزاء عني وبلغي زوجك أطيب تحياتي ولك مني خالص الوداد وعاطر الذكريات ودمتي لصديقتك .

مُنى

DELAY IN PAYMENT OF RENT طلب تأجيل الايجار

Khartoum, 20 July 19...

Dear Sir,

For the first time since I became your tenant, now nearly eight years ago, I am compelled to ask your indulgence for delay in my payment of rent. You may perhaps have heard of the heavy loss I sustained by robbery, on the night of the 27th ulto, when, with other valuables, I lost two thousand pounds, paid me too late on Saturday afternoon to be deposited in the bank before Monday.

Although I trust, before long, to be able to retrieve my loss, it cripples my resources at present, and compells me to request the indulgence of those to whom I am indebted. I am, my dear Sir,

Yours faithfully

الخرطوم ٢٠ يوليو ... ١٩

سيدي العزيز

مضت ثمان سنوات تقريباً منذ سكنت فى ملككم وهذه هي المرة الأولى التى أجد فيها نفسى مضطراً أن أطلب سماحكم بتأخير دفع الايجار المستحق ، فانكم ربما سمعتم بخبر الخسارة الفادحة التى لحقتنى من جرى السرقة فى ليلة ٢٧ الماضى إذ فقدتُ أشياء ثمينة ومبلغ ألفى جنيه كان قد وصلنى يوم السبت بعد الظهر ولذلك تعذَّر عليَّ إيداعه فى البنك قبل يوم الاثنين .

ولو أن لي الأمل بأننى سأصير قادراً على استرداد هذه الخسارة فى مدة قريبة ولكن تعطيل مصادر ثروتي فى الوقت الحاضر يضطرني إلى استمهال دائني . وإني بكل احترام ما ؟

COMPLAINT شكوى

Tanta, 4th January 19...

The Director General,
Road and Building Department.

Sir,

We respectfully beg to lay before your kind notice that the streets in our quarter are in a very bad condition. They contain an accumulation of filthy rubbish which is an evident threat to public health.

We hope that you will kindly give such instructions as you may consider proper to remedy this unsatisfactory state of things.

We have the honour to be,
Sir,
Your obedient servants,
Inhabitans of. . . . .

حضرة المحترم مدير مصلحة التنظيم

بكل احترام نعرض على حضرتكم ان الشوارع التي بحيّنا فى حالةردیئة جداً لتراكم الأقذار فيها تراكماً يهدد الصحة بعواقب وخيمة. ولذا نأمل أن تتكرموا باصدار ما يتراءى لكم من التعليمات لملافاة هذه الحالة الغير المرضية

ولنا الشرف بأن نكون خدمكم الطائعين ؟ سكان حيّ . . . .

طنطا ٤ يناير ... ١٩

APPLICATION FOR EMPLOYMENT طلب استخدام

Sir,

I respectfully beg to tender my services for employment in the Ministry of Public Works.

I am Egyptian, 20 years old, and have the Secondary Education Certificate, and a certificate of discharge from . . . . to the effect that I gave satisfaction during the period of my service as apprentice in that Department. I have a good knowledge of English and Arabic, and know a little French.

Should my request meet with your approval I promise to do all I can to give satisfaction and to prove that your kindness has not been misplaced.

I have the honour to be,

Sir,

Your obedient servant,

سيدي

بكل احترام ألتمس قبولي فى خدمة وزارة الأشغال العمومية ، وانى مصري الجنس ، وعمري عشرون سنة ، وحائز على الشهادة الثانوية ، وشهادة خلوّ طرف من ... تشهد بأن مدة تلمذتي فى هذه المصلحة كانت مرضية . هذا ولي دراية باللغتين الانكليزية والعربية وقليل من الفرنسية ، فاذا حاز طلبى هذا قبولاً لدى جنابكم تعهدت بأن ابذل الجهد لارضائكم حتى ابرهن لكم ان معروفكم لم يقع فى غير موضعه . ولي الشرف بأن أكون خادمكم المطيع ؟

Gentlemen,

Having heard that you are in need of a clerk capable of managing your Arabic and English correspondence, I take the liberty to offer myself for the post.

Long practice in a leading commercial firm has rendered me perfectly conversant with mercantile affairs; and I flatter myself I should be found fully qualified to conduct your foreign correspondence

Should you wish further particulars, I shall be glad to furnish them if you would condescend to favour me with a line. I am, Sir,

حضرات المحترمين

بما اني قد سمعت أنكم فى حاجة الى كاتب يمكنه ادارة أعمال مكاتباتكم العربية والانكليزية ، فألتمس أن اقدم نفسي لهذه الخدمة ، لأن تمريني المدة الطويلة فى بيت من أهم البيوت التجارية اتاح لي معرفة الشيء الكثير من اشغال التجارة . وأملي وطيد فى انكم ستجدونني كفوءاً للقيام بادارة مكاتباتكم مع الخارج . واذا اردتم ايضاحات أكثر من هذه فأرجوكم أن تتكرموا بافادتي عن ذلك ، وانى . . . ؟

Bearer, Mr. . . ., is looking for a position in your establishment and knowing our relations asked me to recommend him to you.

Will you please see his capabilities. From what I know of his antecedents (or about him), he is thoroughly reliable in every respect, and I sincerely hope that you can engage him. Sencerely yours.

سيادة . . . . . .

مقدم هذا الالتماس . . . يطلب الالتحاق بمتجركم ورجائى تتبينوا من جدارته ومدى صلاحيته لما يطلبه من عمل . أما أنا فرأيي فيه حسن ، وأملى أن تلحقوه بخدمتكم ✦ وتقبل يا سيدى خالص التحية وصادق المودة .

COMMERCIAL CORRESPONDENCE رسائل تجارية

Gentlemen,

Having established a business here, which is rapidly increasing, and being desirous of opening an account with your house, we should be glad to receive from you a list of your goods, with your terms of trade, etc.

Should you feel willing to make an arrangement with us, Mr. John Lee of your town, will give you any information desired regarding our business.

Hoping to hear from you soon, we are,

Yours faithfully,

حضرات الأفاضل المحترمين

بما اننا قد أسسنا هنا محلاً يسير بسرعة نحو التقدم ونظراً لأننا نرغب فى ان نفتتح حساباً مع محلكم، لذا نكون شاكرين جداً لكم لو تكرمتم بارسال قائمة البضائع التي عندكم وشروطكم التجارية الخ. واذا كنتم تريدون التعامل معنا فاننا نحيلكم على السيد حنا لي القاطن بيلدتكم فانه يفيدكم عن كل ما تريدون معرفته بخصوص حالة أشغالنا. واننا نأمل فى سرعة جوابكم، ودمتم لمحسوبكم الأمين ؟

Dear Sir.

We are referred to you by Mr. . . and we shall take it as a f vour if you will kindly let us know if this gentleman is thoroughly respectable and trustworthy for reasonable accounts of credit.

Thanking you in anticipation.

Yours faithfully,

حضرة السيّد المحترم

رغب الينا السيد . . . فى ان نستعلم عنه من جنـابكم ، ولذلك نكون شاكرين فضلكم اذا تكرمتم بافادتنا عما اذا كان حضرته أهلاً للثقة ويمكن ائتمانه على دين متوسط القيمة . وفى الختام اقدم مزيد الشكر سلفاً وتفضلوا بقبول أوفر التحيات ؟

Gentlemen.

Kindly send me, as soon as possible, the following goods —

1 piece (40 yards) black cloth of good quality
1 dozen tape bordered handkerchiefs at about 10d. each.
3 pairs No. 7 kid gloves, light colour.

If you will be kind enough to send also some patterns of good white silk, mentioning width and price, I shall feel obliged.

Yours truly,

حضرات المحترمين

ارجو أن ترسلوا اليّ البضائع الآتى بيانها بأسرع ما يمكن

عدد

١ ثوب (٤٠ ياردة) جوخ أسود عال (جيّد النوع)
١ دستة مناديل بحرف متني ، ثمن الواحد نحو عشر بنسات
٣ أزواج قفازات جلد جدي ، لون فاتح ، نمرة ٧

وإذا تكرمتم عليّ أيضاً بارسال بعض عينـات (نـماذج) حرير ابيض من العال ، مع ذكر الثمن وقياس العرض ، كنت لكم من الشاكرين ؟

Assiout, Egypt,
May 5th. 19...

Gentlemen,

Please forward to me, at your earliest convenience, 5 boxes of soap, same as sample you sent me a few days ago.

Yours faithfully,
Khaleed Mohammed

Messrs. John Tod & Co.
5, Noss street,
Greenock.

اسيوط فى ٥ مايو سنة ...١٩

حضرات الأفاضل حنا طود وشركاؤه المحترمون

بشارع مُس رقم ٥ ، بجرينوك

ارجو ان ترسلوا الىّ فى اقرب فرصة خمسة صناديق صابون من النوع الذي ارسلتم اليّ عينة (مسطرة) منه منذ بضعة ايام ، وتفضلوا بقبول تحياتى ؟

خليل محمد

---

5 Moss Street, Greenock,
May 26th. 19...

Khaleel Mohammed, Esq.
Assiout, (Egypt.)

Dear Sir,

In accordance with your esteemed order, we have to-day forwarded by goods train 5 boxes of soap, best brand. Railway policy herewith.

We trust same will reach you in good condition and give entire satisfaction.

Yours very truly,
Tod & Co.

في ٢٦ مايو سنة ...١٩

حضرة المحترم السيد خليل محمد ، باسيوط

بناء على امركم الكريم ارسلنا اليكم اليوم بقطار البضاعة خمسة صناديق صابون من احسن نوع ، ومع هذا بوليسة سكة الحديد . واننا نأمل انها ستصلكم فى حالة جيدة وتحوز رضاكم . وتفضلوا بقبول تحياتنا ؟

طود وشركاؤه

Promissory Note.

£. E. 500

Three months after date I promise to pay to Mr... or his order, Five hundred Egyptian pounds for value received in cash.

Aly Raadi

Cairo, July 10th. 19...

صورة كمبيالة

بعد مرور ثلاثة أشهر من تاريخه أتعهد بأن أدفع لأمر السيد . . .

مبلغ خمسمائة جنية مصرى ، والقيمة وصلتنى نقداً ؟ كاتبه

تحريراً بمصر فى ١٠ يوليو .... ١٩ على راضي

Endorsement

Cairo, 5th. September, 19....

Pay to Mr.... or order, value received.

(Signed)

صورة تحويل على ظهر كمبيالة

وعنا لأمر السيد . . . والقيمة وصلتنا نقداً كاتبه

مصر فى ٥ سبتمبر سنة ...١٩ ...

MODEL OF RECEIPTS صور وصولات

Alexandria, 10th July 19 . . . .

L.E. 100

Received from Mr. . . . . . one hundred pounds Egyptian in settlement of all demands to date.

(Signed)

جنيه

١٠٠

وصلني من السيد . . . . مبلغ مائة جنيه مصرى وذلك تسديداً لكل مطلوبنا منه لغاية تاريخه ؟

تحريراً بالاسكندرية فى ١٠ يوليو سنة . . . . ١٩ (الامضاء)

Cairo, October 1st. 19...

Received from Mr. Joseph Fahmy Three hundred piastres for rent of house No. 4, flat 6, Shoubra Street. for the month of October 19.... (Signed)

ص	
٣٠٠	٠٠

وصلني من السيد يوسف فهمى ثلاثمائة قرشاً اجرة المنزل سكن حضرته ، رقم ٤ بشارع شبرا شقة رقم٦ وذلك عن شهر اكتوبر الجارى ؟ كاتبه

تحريراً بالقاهرة فى اول اكتوبر سنة..١٩٠ . . . .

Cairo, June 12th. 19...

P.T. 250

Received from. Mr. ..... Two hundred and fifty piastres on account. (Signed)

ص	
٢٥٠	٠٠

وصلني من السيد . . . مبلغ مائتان وخمسون قرشاً تحت الحساب (وتحرر هذا سنداً بالاستلام) ؟ كاتبه

القاهرة (ج.م.ع.) فى ١٢ يونيو سنة . . . . . ١٩ . . . .

INDEX. فهرست

242

بيان قائمة قواميس « الياس »

(تطلب من المكتبات الشهيرة فى جميع أنحاء العالم)

أو من الناشر : شركة دار الياس العصرية

١ شارع كنيسة الروم الكاثوليك بالظاهر ، القاهرة (ج. م. ع) ـ ص. ب ٩٥٤ مصر

قاموس الياس العصرى : انجليزى عربى ، حافل بالاصطلاحات والصور ، حروفه دقيقة ومشكلة ، تأليف : الياس انطون الياس و إدوار الياس الياس .

ELIAS' MODERN DICTIONARY, English - Arabic,
by : Elias A. Elias & Edward E Elias.

قاموس الياس العصرى : عربى انجليزى ، حافل بالاصطلاحات والصور ، حروفه دقيقة ومشكلة ، تأليف : الياس انطون الياس و إدوار الياس الياس .

ELIAS' MODERN DICTIONARY, Arabic - English,
by : Elias A. Elias & Edward E. Elias.

قاموس الياس الجامعى : انجليزى عربى ، رفيق الطالب فى كل مراحل التعليم ، حافل بالاصطلاحات والصور ، حروفه مشكلة ، تأليف : إدوار الياس الياس .

ELIAS COLLEGIATE DICTIONARY, English - Arabic,
by : Edward E. Elias.

قاموس الياس الجامعى : عربى انجليزى ، رفيق الطالب فى كل مراحل التعليم ، حافل بالاصطلاحات والصور ، حروفه مشكلة ، تأليف : إدوار الياس الياس .

ELIAS' COLLEGIATE DICTIONARY, Arabic - English,
by : Edward E. Elias.

قاموس الياس المدرسى : انجليزى عربى و عربى انجليزى معاً فى مجلد واحد ، بالصور وحروفه مشكلة ، تأليف : الياس انطون الياس و إدوار الياس الياس .

ELIAS' SCHOOL DICTIONARY, English - Arabic & Arabic-Eng.,
in one volume, by : Elias A. Elias & Edward E. Elias.

قاموس الياس الجيب : انجليزى عربى ، مصور ، حروفه دقيقة ومشكلة ، تأليف : الياس انطون الياس و إدوار الياس الياس .

ELIAS' POCKET DICTIONARY, English - Arabic,
by : Elias A. Elias & Edward E. Elias.

قاموس الياس الجيب : عربى انجليزى ، مصور ، حروفه دقيقة ومشكلة ، تأليف : الياس انطون الياس و إدوار الياس الياس .

ELIAS' POCKET DICTIONARY, Arabic - English,
by : Elias A. Elias & Edward E. Elias.

قاموس الياس الجيب : انجليزى عربى و عربى انجليزى معاً ، فى مجلد واحد ،
مصور ، حروفه مشكلة ، تأليف : الياس انطون الياس و إدوار الياس الياس .

ELIAS' POCKET DICTIONARY, English-Arabic & Arabic – Eng.,
in one volume, by : Elias A. Elias & Edward E. Elias.

قاموس اللغة الدارجة : انجليزى عربى ، تأليف : ادوار الياس الياس .

ELIAS' PRACTICAL DICTIONARY, of the Colloquial Arabic,
of the Middle East English-Arabic, by : Edward E. Elias.

اجرومية لتعليم اللغة الدارجة : للاجانب فى كل البلاد العربية ،
تأليف : الياس انطون الياس و إدوار الياس الياس .

ELIAS' PRACTICAL GRAMMAR and Vocabulary of the
Colloquial Arabic, by : Elias A. Elias & Edward E. Elias.

الهدية السنية لطلاب اللغة الانجليزية : لتعليم الانجليزية لأبناء العربية ، او
العربية للانجليز ، مع لفظ الكلمات الانجليزية بأحرف عربية ولفظ الكلمات
العربية بأحرف لاتينية ، تأليف : الياس انطون الياس و إدوار الياس الياس .

AN EGYPTIAN-ARABIC MANUAL FOR SELF – STUDY, with
transliterations, by : Elias A. Elias & Edward E. Elias.

القاموس الحديث : فرنسى عربى ، باللفظ والاجرومية والصور ، تأليف : مترى الياس .

DICTIONNAIRE MODERNE, Français-Arabe, par : Mitri Elias.

قاموس الجيب : فرنسى عربى ، مصور ، حروفه دقيقة ومشكلة ، تأليف : مترى الياس .

DICTIONNAIRE DE POCHE, Français-Arabe, par : Mitri Elias.

قاموس الجيب : عربى فرنسى ، مصور ، حافل بالمصطلحات ، تأليف : مترى الياس .

DICTIONNAIRE DE POCHE, Arabe-Français, par : Mitri Elias.

قاموس الجيب : فرنسى عربى وعربى فرنسى معاً ، فى مجلد واحد ، تأليف : مترى الياس .

DICTIONNAIRE DE POCHE, Français – Arabe et Arabe –
Français, par : Mitri Elias.

القاموس الوحيد : ألمانى عربى ، بالشكل الكامل مع تصريف الافعال ، تأليف : رياض جيد .

DAS EINZIGE WÖRTERBUCH. Deutschen und Arabischen,
von : Riad Gayed.

القاموس الفريد : ايطالى عربى ، بالشكل الكامل مع تصريف الافعال ، تأليف : رياض جيد .

L'UNICO DIZIONARIO. Italiano – Arabo, da : Riad Gayed.

اطلب القائمة الكاملة لجميع مطبوعات «الياس» من الناشر : شركة دار إلياس العصرية